名师名校名校长

凝聚名师共识
回应名师关怀
打造名师品牌
培育名师群体

顾明远题

为核心素养而教

指向深度学习的
中学生物学教学

赵广宇 汪绍鑫 陈 亮／主 编

徐 勇 白 玲 崔连新／副主编

陕西师范大学 出版总社　西安

图书代号　JY24N2070

图书在版编目（CIP）数据

为核心素养而教 ：指向深度学习的中学生物学教学 /
赵广宇，汪绍鑫，陈亮主编. -- 西安 ：陕西师范大学出版
总社有限公司，2024. 9. -- ISBN 978-7-5695-4667-5

Ⅰ. G633.912

中国国家版本馆CIP数据核字第2024KH9352号

为核心素养而教：指向深度学习的中学生物学教学
WEI HEXIN SUYANG ER JIAO：ZHIXIANG SHENDU XUEXI DE ZHONGXUE
SHENGWUXUE JIAOXUE

赵广宇　汪绍鑫　陈　亮　主编

出 版 人	刘东风
出版统筹	杨　沁
特约编辑	刘海燕
责任编辑	张慧君　温彬丽
责任校对	王　婉
封面设计	言之凿
出版发行	陕西师范大学出版总社
	（西安市长安南路199号　　邮编 710062）
网　　址	http://www.snupg.com
印　　刷	北京政采印刷服务有限公司
开　　本	710 mm×1000 mm　　1/16
印　　张	13.25
字　　数	200千
版　　次	2025年3月第1版
印　　次	2025年3月第1次印刷
书　　号	ISBN 978-7-5695-4667-5
定　　价	58.00元

读者使用时若发现印装质量问题，请与本社联系、调换。
电话：（029）85308697

前　言

　　自我国开展基础教育课程改革以来，学生的学习行为和教师的教学行为都发生着深刻的变革，课程改革的成果初显。随着课程改革的不断深化，课堂教学对教与学的行为也提出了更高的要求，尤其是如何精准落实课程标准要求、高效发展学生生物学学科核心素养、真正体现生物学课程的育人价值等问题受到教师的高度关注。

　　本研究团队基于推进生物学课程改革的需要，聚焦学生的深度学习与教师的深度教学，努力探索发展学生生物学学科核心素养的教学策略与途径，从而提高课堂教学效率，有效促进学生的学习。在学习和研究国内外相关教学理论及深度教学的研究成果基础上，我们深耕教学一线，扎实开展实践研究，积累丰富的基于深度教学的典型案例，取得了有关深度教学的教学理论、教学实践的初步研究成果，以期回答为什么要开展深度教学、深度教学和深度学习的关系、什么是指向深度学习的深度教学、如何开展深度教学实践等问题。本书对相关理论进行了解读，并从实际操作的层面阐释了我们的理解与思考。

　　第一章系统地阐述素养、核心素养、学科核心素养和生物学学科核心素养等相关理论，阐明它们之间的相互关系，诠释开展深度教学和深度学习的深刻内涵，即把发展学生生物学学科核心素养作为生物学课程深度学习的目标。

　　第二章系统梳理了深度学习的理论基础、基本特征、深度意涵、价值意义和实践策略等内容，说明什么样的学习才是深度学习，力图阐明深度教学的终极目标就是实现学生的深度学习。

　　第三章深刻剖析深度学习和深度教学的关系，具体刻画了指向深度学习的深度教学图景，归纳出教师必须从根本上改变原有的知识观、学习观和教师观，让教学指向学科的价值、思维逻辑的理解、体验过程的生成和自我发展的反思。

第四章基于深度教学的实践，探索促进深度教学的主要策略。重点阐释一般性的深度教学的设计策略、基于整体架构的大单元深度教学策略、基于教与学改进的探究式深度教学策略和基于学科实践的项目式深度教学策略，在理论研讨的同时，提供了可借鉴的经典教学案例，体现了理论与实践的融合。

本书具有以下特点：一是思想性，即以发展学生核心素养为宗旨，并作为本书系统架构的出发点。二是真实性，以聚焦真实问题解决为重点，从课堂教学的现实问题出发，破解"表层、表面、表演"的浅层教学，对生物学课程改革的实践需求进行理性思考。三是实践性，以提供丰富翔实案例为抓手，在系统阐释理论的同时注重实践应用，列举了大量真实的案例，方便操作且易于模仿，实现了理论与实践的有机结合。四是实用性，以方便教师阅读学习为前提，全书的行文力求通俗易懂，通过深入浅出的理论阐述增强可读性，通过详细真实的方法梳理提升可操作性。

本书编写团队本着求真务实的科学态度、追求卓越的科学精神，不断学习、勇于探索、躬耕实践，克服重重困难，最终凝练出本书呈现的成果。本书采取分工合作的方式完成编写工作，是编写团队在课题研究的基础上，经过集体研究、讨论和碰撞的智慧结晶。赵广宇完成全书的构思、体例与内容框架的设计，承担了本书撰写的指导工作和全部章节的修改工作。具体编写分工如下：

第一章第一节、第二节执笔者：白玲、赵广宇

第一章第三节、第四节执笔者：陈亮、赵广宇

第二章执笔者：徐勇、赵广宇

第三章执笔者：崔连新、赵广宇

第四章执笔者：汪绍鑫、赵广宇

本书是团队在研究理论和教学实践的基础上对深度教学的初步思考，随着对相关内容的深入研究，我们还会进一步丰富和完善基本理论，继续深化实践探索。由于本书作者均来自教学一线，理论修养和学识水平有限，书中疏漏和错误之处在所难免，恳请专家学者、广大教师和其他读者不吝赐教。在本书编写过程中，我们参考了大量研究成果和优秀案例，在此对相关作者表示衷心的感谢！

目　录

第一章　核心素养与学科核心素养

第二章　深度学习及其策略

第三章　指向深度学习的深度教学

第四章 聚焦学科核心素养发展的深度教学实践

第一章
核心素养与学科核心素养

党的十八大报告提出"把立德树人作为教育的根本任务，培养德智体美全面发展的社会主义建设者和接班人"，从国家层面阐明最根本的教育问题"教育要培养什么人"。为此，教育部启动"立德树人"工程，颁布《教育部关于全面深化课程改革落实立德树人根本任务的意见》（以下简称"意见"），首次提出"核心素养"的表述，并置于深化课程改革、落实"立德树人"根本任务的首要位置，作为深化课程改革的着力点和新航标，成为课程标准制定的重要依据。

第一节　素养与核心素养的概述

随着信息化时代的到来，世界各国开始重视"素养"教育，纷纷将其纳入国家教育改革与课程改革之中，指向核心素养的人才教育成为世界教育的发展趋势。

一、素养

在我国，《汉书·李寻传》中就出现了"素养"一词："马不伏历，不可以趋道；士不素养，不可以重国。"在《后汉书·刘表传》中："越有所素养者，使人示之以利，必持众来。"这已经体现出素养的内涵是指"个人在日常的修养"。

（一）素养的内涵

在日常生活中，"素养"的内涵丰富、综合性强，常常被用于评价一个人的外表形象、道德品质、文化修养、人格特性等诸多方面的修养或素质。

《现代汉语词典（第7版）》中："素养"是指平日的修养。[1]素养是一个人为适应现在生活及未来挑战所应具备的统整的知识、能力及态度，[2]是个人学识、智慧、道德、态度、品格、思维、精神等通过一定的言行表现出来的一种状态，具体包含思想政治素养、文化素养、业务素养、身心素养等各个方面的内容。

素养不同于素质、修养、能力。素质作为生理学范畴的名词，是指人的神

---

[1] 中国社会科学院语言研究所词典编辑室.现代汉语词典（第7版）［M］.北京：商务印书馆，2023：1248.

[2] 蔡清田.核心素养导向的校本课程开发［M］.长春：东北师范大学出版社，2020：8.

经系统、感觉器官和运动器官等先天赋予的特征，当转用在教育学上时，意味着人受后天环境和教育的影响，通过个体自身的认识和实践形成相对稳定的身心发展的基本品质。[①]修养则是强调自我教育在素养形成中的作用，凸显自我教育的意义。[②]能力强调个体拥有的、能胜任某种活动的实力和技术，它不包含情感、态度和价值观。而素养则是在教育过程中逐渐形成的知识、能力、态度等方面的综合表现，是知识、技能、能力在相关工作领域与个体特质相互作用的结果，是个体学习经验的整合，并通过一定的方式展示出来。内在的素养会通过一定方式表现出来，可通过对这些表现的评价来评估素养，具体模型如图1-1所示。[③]

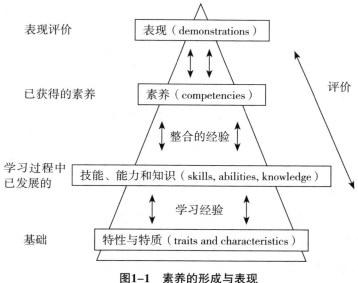

图1-1　素养的形成与表现

（二）素养的特性

素养展示的是一个人的人格魅力、行为习惯、气质性格和思维方式，是在

---

① 章羲，何祖健.从"知识育人"到"文化育人"——整体论视野中的大学素质教育［J］.高等教育研究，2008（29）：9-13.

② 余文森.核心素养导向的课堂教学［M］.上海：上海教育出版社，2019：5.

③ 林崇德.21世纪学生发展核心素养研究［M］.北京：北京师范大学出版社，2016：7-8.

任何情境中个人会自然流露出来的状态，是个人素质的全面体现。相比素质、能力、修养，素养具有综合性、稳定性和高阶性等特点。

1. 综合性

素养体现出一种精神状态，是属于个人的独特的精气神，是个人内涵、修养的外在展示。相比知识只停留在认知领域，能力更多强调的是技能精进，素养是人的内在综合素质的体现。素养包含知识和能力，但不是所有的知识和能力都能转化为素养。只有当知识由公共知识真正转化为个体知识，能力由特殊情境的能力转化为有普适意义的能力，知识和能力才会变成人的素养，[①]成为一个人标志性的气质。

2. 稳定性

构成素养的内容和特征必须是稳定的，是一个人在多方面表现出来的优雅品质，是个人的一贯性表现。无论是对待比自己职务更低或者更高的人，都能表现出谦虚谨慎、从容不迫的气度。一个学生拥有某项素养，绝不是他偶尔表现出来的某种行为，而是他在学习或者生活中，一直表现出来的某种习惯，能稳定地展现。比如，某个学生拥有创新意识，不是他偶然冒出一个新奇想法，而是指他在遇到问题时，能批判性地思考问题，能经常性地提供一些新颖的想法，并能将想法付诸实践。

3. 高阶性

素养是一个人的精神财富，它决定了一个人生命的深度与广度，是一个人生活品质的体现。素养让个人的生活变得有意义、有价值、有境界，精神生活充沛，主动为社会贡献力所能及的力量。一个国家的繁荣，不取决于它的国库之殷实，不取决于它的城堡之坚固，也不取决于它的公共设施之华丽，而取决于它的公民的文明素养，取决于人们所受的教育、人们的远见卓识和品格的高下。[②]

二、核心素养

在伴随着信息革命而来的教育改革浪潮中，人们对教育与人才培养有了新

---

① 余文森. 核心素养导向的课堂教学［M］. 上海：上海教育出版社，2019：10.
② 塞缪尔·斯迈尔斯. 品格的力量［M］. 刘曙光，译. 北京：北京图书馆出版社，1999：1.

的认识，提出了同时包括"知识""能力"与"态度"的"素养"概念，并从"关键""核心"的角度加强论证，强调"核心素养"才是培养能自我实现与社会和谐发展的高素质国民与世界公民的基础。[①]

（一）核心素养的内涵

核心素养的含义相对宽广，超越了传统的知识与技能的内涵，是学生适应现在生活及面对未来挑战所应具备的知识、技能、情感、态度、价值观在多层次、多维度的一个整合及综合体现，也是现代人为了健全发展，获得成功生活所需的素养。核心素养是对素质教育内涵的解读与具体化，是学生在接受相应学段的教育过程中，逐步形成的适应个人终身发展和社会发展需要的必备品格与关键能力。[②]

教育部在"意见"中提出："组织研究提出各学段学生发展核心素养体系，明确学生应具备的适应终身发展和社会发展需要的必备品格和关键能力""依据学生发展核心素养体系，进一步明确各学段、各学科具体的育人目标和任务"。这意味着，学生在学校学习的主要成果就是形成核心素养，不同教育阶段的学校需要通过教育培养学生的核心素养。

（二）核心素养的特点

核心素养是所有学生应该具有的最关键和最必要的共同素养，是居于核心地位的素养，是个体能够适应未来社会、促进终身学习、实现全面发展的基本保障。与一般素养相比，核心素养兼具普适性、整体性、发展性等特点。

1. 普适性

核心素养是人最基本的素养，是个体不可或缺的一部分。从它处理的对象来看，核心素养不针对某一特殊的问题，而是适用于各种情境，可以迁移应用到不同的社会情境与学习领域，应对多方面的需要，是其他各种素养的基础，可以延伸拓展出其他素养。核心素养不同于具体职业中的专业素养，普遍适用于各种工作岗位。从主体和客体来看，核心素养是社会大众共有的素养，且不

---

① 林崇德.21世纪学生发展核心素养研究［M］.北京：北京师范大学出版社，2016：7.
② 辛涛，姜宇，林崇德，等.论学生发展核心素养的内涵特征及框架定位［J］.中国教育学刊，2016（6）：3—7.

只是针对某些特殊的个体，强调的是要面向社会全体成员，呈现一种广泛的特性。

2. 整体性

核心素养包括知识、能力、情感态度等多元层面，具有整体性。核心素养的发展不能孤立地、分开地进行单独培养或发展，尤其是把素养作为课程目标时，需要强调其综合性和整体性。首先，核心素养的功能具有一定的整体性，必须以一个整体的状态促进任务的达成，即核心素养的组成要素之间相互交叉与整合，共同发挥作用，能够满足不同情境下的复杂要求。其次，核心素养的形成与发展具有整体性。核心素养的发展不仅仅是个人努力的结果，还需要一个良好的社会环境。核心素养同时具备个人价值和社会价值，不仅使学生发展成为更为健全的个体，为终身发展奠定良好基础，以适应未来社会的发展变化；同时，每个个体的核心素养发展与提升，还能够起到促进社会良好运行的效果。①

3. 持续性

核心素养主要是后天学习的结果，需要在实践中积累，其形成是在个人与社会协同作用下的渐进过程，需要学校、教师给学生创造真实的工作场景，让其在实践中不断探索、发展、完善，养成终身发展的特性。核心素养的形成不是一蹴而就的，而是一个持续的、潜移默化的、终身的学习过程，需要通过不同教育阶段的教育加以培养而形成的。在人生的不同阶段，发展的着重点不同，比如，在义务教育小学阶段，强调学会表达，学会与人沟通和交流，学会观看模型等；在义务教育初中阶段，要求学生学会团队合作、科学素养，能建立简单的模型等；在高中阶段，就要求学生拥有创新思维、批判性思维等方面的核心素养。

总之，核心素养的形成是一个伴随终身可持续发展、与时俱进的动态优化过程，需要个体通过不同教育阶段的学习，有效地培养并提升自身的核心素养。

---

① 林崇德.21世纪学生发展核心素养研究［M］.北京：北京师范大学出版社，2016：28.

（三）核心素养的组成

核心素养包括学生应具备的适应终身发展和社会发展需要的必备品格和关键能力。其中，必备品格是一个人做人的基石，关键能力是一个人做事的根基。

1. 必备品格

从心理学的角度来看，品格由道德认知、道德情感、道德行为组成，是人对现实的态度和行为方式中比较稳定的、具有核心意义的个性心理特征，是对善的认识、对善的欲求、对善的行为——即心理的习惯、心灵的习惯和行动的习惯。从教育学的角度来看，品格并不简单地指道德品质，而是一切思想方法、情绪和行为，是良知习惯、喜好习惯和行动习惯。中国传统的道德教育实质上就是品格教育，孔子的"仁、义、礼、智、信"表达的就是做人的优秀品格。

核心素养中的必备品格，在不同的学段，表现有所不同。例如，在高中阶段，学生的必备品格至少应该包含科学的观念和思维、做事的态度和对社会的责任。科学的观念和思维如好奇心、求知欲、秩序感、执行力、探究精神、创新精神等，做事的态度和对社会的责任如责任心、同理心、公平感、容忍力、自强自律、合作精神、协同精神等，[①]具体表现在人与自我的关系上的自律、人与他人关系上的尊重、人与事情关系上的责任三个方面。自律、尊重、责任是形成其他优良品格的基础，自律与尊重是代表做人的态度，责任则体现做事的态度。

（1）自律

自律最突出的特点就是拥有良知，能克制和抵御内心的欲望，自觉地自我支配来约束自己、按照社会道德准则做事。康德强调，自律原则"是唯一的道德原则""是一切道德法则和符合这些法则的义务的唯一原则""是一条适用于所有人的普遍性法则"。

（2）尊重

尊重意味着心里有他人，能以同理心对待别人，能推己及人，重视别人

---

① 殷航，朱玲. 高中生地理必备品格及其养成策略［J］. 中学地理教学参考，2018（9）：23-25.

的感觉，己所不欲，勿施于人；尊重也意味着心中有规则，心中有法治观念，有法治信仰，遵法守纪。尊重作为学校教育中伦理规范的一部分，它亦指向认知、情感、行为领域。尊重的认知以"长"与"幼"的差异为前提，尊重的情感以"敬"与"爱"的融合为基调，尊重的行为以普遍性与条件性兼存为逻辑。①

（3）责任

责任是指个体处理与他人（家庭）、集体、社会、自然关系等方面的情感态度和行为表现，是个人参与社会事务，对社会现象做出的理性解释和判断，也是解决生产、生活问题的担当和能力。教育工作者不仅要教学生知识，更重要的是要教学生做人做事的德性，即责任心。一个拥有强烈责任心的人，有认真负责的态度，能以集体的利益为首要目标，踏踏实实做事，认认真真做人。

2. 关键能力

德国学者梅腾斯从职业教育的视角首先提出"关键能力"的概念：指那些与特定的专业技能不直接相关的知识、能力和技能，是在各种不同场合和职责情况下做出判断的能力，是胜任职业生涯中不可预见的各种变化的能力。关键能力由于其普遍适用性而不易因科学技术进步而过时或被淘汰。关键能力是支持和体现学科素养要求的能力表征，是学习者在面对与学科相关的生活实践或学习探索问题情境时，高质量地认识问题、分析问题、解决问题必须具备的能力，包括知识获取能力、实践操作能力、思维认知能力。②

由于各国社会与经济发展的不同，对学生发展的关键能力要求有所差异，但无论哪个国家，关键能力的内涵都要包括以下几点：①关键能力是个体智能结构与非智力因素的整合体，如认知能力、理解能力、创新能力、人际沟通能力、组织管理能力、心理承受能力等；②关键能力不是特定的某种技能，而是强调一种基础的、普遍的、通用的能力，适用于个体生活的各种场合；③关键能力突出表现在具有可变性，能随着学生生活环境、工作条件等的改变而不断进阶；④关键能力在所有能力中是最基础的、最核心的能力，是其他能力得以

---

① 李德显，田雪. 师生尊重的伦理审视与重构［J］. 中国教育学刊，2023（3）：61–65.
② 王云生. 必备知识与关键能力的内涵及其关系——《中国高考评价体系》学习一得［J］.
福建基础教育研究，2020（7）：117–120.

发展和生根的基础，这种能力在形成过程中处于一个人人生发展的关键时期，对后续的人生具有决定性的作用。

中共中央办公厅、国务院办公厅印发的《关于深化教育体制机制改革的意见》指出：要注重培养支撑终身发展、适应时代要求的关键能力，要在培养学生基础知识和基本技能的过程中，强化学生关键能力培养，具体包含认知能力、合作能力、创新能力和职业能力四项关键能力。

（1）认知能力：指学生具备独立思考、逻辑推理、信息加工、学会学习、语言表达和文字写作的素养，养成终身学习的意识和能力。认知能力包含接受、加工、储存和应用信息的能力，是学习者特征的重要组成部分。[1]从认知程度分析，认知能力包括识记、理解、分析、应用、评价、创造六个维度。

（2）合作能力：指学生学会自我管理，学会与他人合作，学会过集体生活，学会处理好个人与社会的关系，遵守、履行道德准则和行为规范的能力。合作能力的大小体现在学生在认同小组或者团队目标的基础上，积极主动承担分内责任，通过与其他成员间的协商，为实现共同目标所做出贡献的多少。

（3）创新能力：指学生的想象力和创新思维，以及创新人格；是学生勇于探索、大胆尝试、创新创造的能力。有学者认为，创新能力包含创新人格、创新思维和创新实践。一个有创新人格的个体，具有好奇心、开放心态、勇于挑战和冒险、独立、自信等特质。创新思维通常包括对开展创新活动有帮助的发散思维、辐合思维、重组思维等。创新实践是指能参与并投入旨在产生新颖且有价值的成果的实践活动。[2]创新实践的核心在于"新颖"和"有价值"，即能够利用相关的信息和资源，产生新颖且有价值的观点、方案、产品等成果。

（4）职业能力：指学生适应社会需求，树立爱岗敬业、精益求精的职业精神，践行"知行合一"的理念，积极动手实践和解决实际问题的能力。职业能力主要包含以下基本要素：一是为了胜任一种具体职业而必须具备的能力，表现为任职资格；二是指在步入职场之后表现的职业素质；三是开始职业生涯之

---

① 车文博. 当代西方心理学新词典［M］. 长春：吉林人民出版社，2001：304.
② 甘秋玲，白新文，刘坚，等. 创新素养：21世纪核心素养5C模型之三［J］. 华东师范大学学报（教育科学版），2020，38（2）：57-70.

后具备的职业生涯管理能力。

3. 必备品格与关键能力的关系

党的十八大报告明确提出"把立德树人作为教育的根本任务"，要求教育工作者要培养适应学生终身发展和社会发展需要的必备品格和关键能力。

首先，品格对能力有价值引领作用。能力是把双刃剑，既能发挥能力为他人、为社会做贡献，也能利用能力做违背社会公德的事情。因此，有品格指引的能力，才有正确的价值取向，产生对社会有益的效益。

其次，能力包含了道德强度、认知能力、情感能力、实践能力等道德能力，这些能力的强大能助推品格的提升。品格与能力的结构体现了中华优秀传统文化的伦理道德的底色与本色。必备品格和关键能力支撑着人的整体、协调发展，两者相互统一、相互融合、相辅相成，是立德树人的根本举措与途径。

三、中国学生发展核心素养总框架

中国学生发展核心素养，主要是指学生应具备的，能够适应终身发展和社会发展所需要的必备品格和关键能力，是以科学性、时代性、民族性为基本原则，以"全面发展的人"为核心，分为文化基础、自主发展、社会参与三个领域，人文底蕴、科学精神、学会学习、健康生活、责任担当、实践创新六大素养（见图1-2）。[①]

（一）文化基础

文化是人存在的根和魂。文化基础，重在强调能习得人文、科学等各领域的知识和技能，掌握和运用人类优秀智慧成果，涵养内在精神，追求真善美的统一，发展成为有宽厚文化基础、有更高精神追求的人。

图1-2　中国学生发展核心素养总框架

① 林崇德.中国学生核心素养研究［J］.心理与行为研究，2017，15（2）：145-154.

1. 人文底蕴

主要是学生在学习、理解、运用人文领域知识和技能等方面所形成的基本能力、情感态度和价值取向。具体包括人文积淀、人文情怀和审美情趣等基本要点。

（1）人文积淀

重点：具有古今中外人文领域基本知识和成果的积累；能理解和掌握人文思想中所蕴含的认识方法和实践方法等。

（2）人文情怀

重点：具有以人为本的意识，尊重、维护人的尊严和价值；能关切人的生存、发展和幸福等。

（3）审美情趣

重点：具有艺术知识、技能与方法的积累；能理解和尊重文化艺术的多样性，具有发现、感知、欣赏、评价美的意识和基本能力；具有健康的审美价值取向；具有艺术表达和创意表现的兴趣和意识，能在生活中拓展和升华美等。

2. 科学精神

主要是学生在学习、理解、运用科学知识和技能等方面所形成的价值标准、思维方式和行为表现。具体包括理性思维、批判质疑、勇于探究等基本要点。

（1）理性思维

重点：崇尚真知，能理解和掌握基本的科学原理和方法；尊重事实和证据，有实证意识和严谨的求知态度；逻辑清晰，能运用科学的思维方式认识事物、解决问题、指导行为等。

（2）批判质疑

重点：具有问题意识；能独立思考、独立判断；思维缜密，能多角度、辩证地分析问题、做出选择和决定等。

（3）勇于探究

重点：具有好奇心和想象力；能不畏困难，有坚持不懈的探索精神；能大胆尝试，积极寻求有效的问题解决方法等。

（二）自主发展

自主性是人作为主体的根本属性。自主发展，重在强调能有效管理自己的学习和生活，认识和发现自我价值，发掘自身潜力，有效应对复杂多变的环境，成就出彩人生，发展成为有明确人生方向、有生活品质的人。

1. 学会学习

主要是学生在学习意识形成、学习方式方法选择、学习进程评估调控等方面的综合表现。具体包括乐学善学、勤于反思、信息意识等基本要点。

（1）乐学善学

重点：能正确认识和理解学习的价值，具有积极的学习态度和浓厚的学习兴趣；能养成良好的学习习惯，掌握适合自身的学习方法；能自主学习，具有终身学习的意识和能力等。

（2）勤于反思

重点：具有对自己的学习状态进行审视的意识和习惯，善于总结经验；能够根据不同情境和自身实际，选择或调整学习策略和方法等。

（3）信息意识

重点：能自觉和有效地获取、评估、鉴别、使用信息；具有数字化生存能力，主动适应"互联网+"等社会信息化发展趋势；具有网络伦理道德与信息安全意识等。

2. 健康生活

主要是学生在认识自我、发展身心、规划人生等方面的综合表现。具体包括珍爱生命、健全人格、自我管理等基本要点。

（1）珍爱生命

重点：理解生命意义和人生价值；具有安全意识与自我保护能力；掌握适合自身的运动方法和技能，养成健康文明的行为习惯和生活方式等。

（2）健全人格

重点：具有积极的心理品质，自信自爱，坚韧乐观；有自制力，能调节和管理自己的情绪；具有抗挫折能力等。

（3）自我管理

重点：能正确认识与评估自我；依据自身个性和潜质选择适合的发展方

向；合理分配和使用时间与精力；具有达成目标的持续行动力等。

（三）社会参与

社会性是人的本质属性。社会参与，重在强调能处理好自我与社会的关系，养成现代公民所必须遵守和履行的道德准则和行为规范，增强社会责任感，提升创新精神和实践能力，促进个人价值实现，推动社会发展进步，发展成为有理想信念、敢于担当的人。

1. 责任担当

主要是学生在处理与社会、国家、国际等关系方面所形成的情感态度、价值取向和行为方式。具体包括社会责任、国家认同、国际理解等基本要点。

（1）社会责任

重点：自尊自律，文明礼貌，诚信友善，宽和待人；孝亲敬长，有感恩之心；热心公益和志愿服务，敬业奉献，具有团队意识和互助精神；能主动作为，履职尽责，对自我和他人负责；能明辨是非，具有规则与法治意识，积极履行公民义务，理性行使公民权利；崇尚自由平等，能维护社会公平正义；热爱并尊重自然，具有绿色生活方式和可持续发展理念及行动等。

（2）国家认同

重点：具有国家意识，了解国情历史，认同国民身份，能自觉捍卫国家主权、尊严和利益；具有文化自信，尊重中华民族的优秀文明成果，能弘扬中华优秀传统文化和社会主义先进文化；了解中国共产党的历史和光荣传统，具有热爱党、拥护党的意识和行动；理解、接受并自觉践行社会主义核心价值观，具有中国特色社会主义共同理想，有为实现中华民族伟大复兴的中国梦而不懈奋斗的信念和行动。

（3）国际理解

重点：具有全球意识和开放的心态，了解人类文明进程和世界发展动态；能尊重世界多元文化的多样性和差异性，积极参与跨文化交流；关注人类面临的全球性挑战，理解人类命运共同体的内涵与价值等。

2. 实践创新

主要是学生在日常活动、问题解决、适应挑战等方面所形成的实践能力、创新意识和行为表现。具体包括劳动意识、问题解决、技术应用等基本要点。

（1）劳动意识

重点：尊重劳动，具有积极的劳动态度和良好的劳动习惯；具有动手操作能力，掌握一定的劳动技能；在主动参加的家务劳动、生产劳动、公益活动和社会实践中，具有改进和创新劳动方式、提高劳动效率的意识；具有通过诚实合法劳动创造美好生活的意识和行动等。

（2）问题解决

重点：善于发现和提出问题，有解决问题的兴趣和热情；能依据特定情境和具体条件，选择制订合理的解决方案；具有在复杂环境中行动的能力等。

（3）技术运用

重点：理解技术与人类文明的有机联系，具有学习掌握技术的兴趣和意愿；具有工程思维，能将创意和方案转化为有形物品或对已有物品进行改进与优化等。

核心素养是个体普遍应该具备的必要素养，是所有学生应该达成的共同素养。中国学生发展核心素养总框架是全面贯彻党的育人方针、落实立德树人根本任务的主要抓手。通过系统设计育人目标的框架，能让学生在面对多元的、复杂的、变化的情境时，综合运用必备品格和关键能力解决生活中实际的问题。

第二节　学科核心素养

学科核心素养体现的是学科知识、学科思维、学科特点、学科性质、学科功能等多方面的内容，具有学科特殊的育人价值。叶澜教授认为，"每个学科对学生的发展价值，除了一个领域的知识以外，从更深的层次看，至少还可以为学生认识、阐述、感受、体悟、改变这个自己生活在其中、并与其不断互动着的、丰富多彩的世界（包括自然、社会、人，生活、职业、家庭，自我、他人、群体，实践、交往、反思，学习、探究、创造等）和形成、实现自己的意愿，提供不同的路径和独特的视角，发现的方法和思维的策略，特有的运算符号和逻辑；提供一种唯有在这个学科的学习中才可能获得的经历和体验；提升独特的学科美的发现、欣赏和表达能力。"[1]

一、学科核心素养的内涵

学科核心素养是学生在学科课程的学习过程中，所形成的对学科的本质与规律的深刻认识，是核心素养在特定学科（或学习领域）的具体化，是学生学习一门学科（或特定学习领域）之后所形成的、具有学科特点的成就（包括必备品格和关键能力），是学科育人价值的集中体现。[2]核心素养与学科核心素养是学生发展的整体性与局部性、宏观要求与微观要求的关系。学科核心素养的范围较微观，涵盖的范围小、内容具体、要求直接，囊括多维度的必备品格和关键能力。

学科核心素养是学生发展核心素养最重要、最关键的组成部分，是我国基

---

① 叶澜. 重建课堂教学价值观 [J]. 校长阅刊，2006（8）：32-36.
② 余文森. 核心素养导向的课堂教学 [M]. 上海：上海教育出版社，2017：15.

础教育的育人目标，包含了有利于学生终身发展所必备的且关键的学科知识和技能等，是学生发展核心素养在具体学科层面的特定性表达。学科核心素养是学生在学习过程中不断积累知识、掌握技能、领悟观念和感悟本质，并且能够灵活运用所学的知识和技能解决实际问题。在具体学科的学习中，学生需要具备批判性思维、创新性思维、解决问题的能力、团队合作能力及跨学科整合能力等方面的素养。这些素养不仅能够帮助学生在特定学科领域取得优异成绩，更重要的是能够培养学生解决现实问题的能力和终身学习的意识，使他们在未来的发展中有更好的适应能力和竞争力。

总之，学科核心素养是学生全面发展的重要组成部分，是学生在特定学科领域的学习成就和能力表现，也是促进学生跨学科发展的关键因素。

二、学科核心素养的构成

学科核心素养分解到每个学科，构成的要素有所不同，教育部颁布的学科课程标准中，对各学科的核心素养做了明确的要求，以高中14门课程为例（见表1-1）。

表1-1　高中各学科核心素养

学科	核心素养
语文	语言建构与运用、思维发展与提升、审美鉴赏与制造、文化传承与理解
数学	数学抽象、逻辑推理、数学建模、直观想象、数学运算、数据分析
英语	语言能力、文化意识、思维品质、学习能力
物理	物理观念、科学思维、科学探究、科学态度与责任
化学	宏观辨识与微观探析、变化观念与平衡思想、证据推理与模型认知、科学探究与创新意识、科学态度与社会责任
生物学	生命观念、科学思维、科学探究、社会责任
历史	唯物史观、时空观念、史料实证、历史解释、家国情怀
地理	人地协调观念、综合思维、区域认知、地理实践力
思想政治	政治认同、科学精神、法治意识、公共参与
体育与健康	运动能力、健康行为、体育品德

学科	核心素养
美术	图像识读、美术表现、审美判断、创意实践、文化理解
音乐	审美感知、艺术表现、文化理解
信息技术	信息意识、计算思维、数字化学习与创新、信息社会责任
通用技术	技术意识、工程思维、创新设计、图样表达、物化能力

从各学科课程标准中有关核心素养的内容要求来看，其构成要素具有共性，即各学科都从学科知识素养、学科思维素养、学科技能素养和学科责任素养四个方面呈现学科核心素养。同时，不同学科也凝练出各自的学科特色，以学科知识素养的培养为例，语文学科旨在语言建构与运用，数学重在数学运算、数据分析等，英语强调语言能力，物理重在达成物理观念，化学贯彻宏观辨识与微观探析、变化观念与平衡思想，生物学强调形成生命观念，地理突出人地协调观念，思想政治落实政治认同等不同维度的学科知识素养，阐明通过该学科的学习不仅能提升学生的学科核心素养，还能提升学生的综合素养，为学生的终身学习奠定坚实的基础。

学科核心素养也具有跨学科性质，通过学习某一学科的核心素养，可以促进学生在其他学科领域的发展。比如，在学习语文、数学时都可以培养阅读能力、表达能力、逻辑思维和问题解决的能力，在学习物理学科时培养实验设计和科学思考能力等，这些都是学科核心素养的体现。因此，学科核心素养的培养不仅有助于学生在特定学科领域的学习和发展，还能够提高学生的综合素养和跨学科能力。

三、学科核心素养的特性

学科课程是国家课程的组成部分，是学生在学校学习的主要内容。每门学科都有区别于其他学科的本质属性，是形成核心素养不可或缺的组成部分。

（一）独特性

每个学科的学科方法与思想、学科思维方式、学科精神都有其独特的教育价值，学科核心素养是学科本质和学科育人价值的凝练，对人的必备品格和关键能力的形成和发展起到特殊的作用。英国哲学家培根说过，"读史使人明智，读诗使人灵秀，数学使人深刻，伦理学使人庄重，逻辑修辞学使人善辩，凡有所学，皆成性格"，描述了学科在形成人的素质上独具一格的特点。学科核心素养的形成依赖于特定学科课程，是学生在特定学科的学习领域中，以该学科知识为载体，借助于特定的学科学习方式，完成学科课程的学习以后形成的必备品格和关键能力。从学科核心素养的属性及其形成过程看，带有显著的学科特征。所以，学科性是学科核心素养的独特个性所在，是学科对实现人的全面而有个性的发展的独特贡献。所以，学科核心素养的培养要着眼于学科本质属性，要体现本学科育人价值的关键性要素和独特价值。

（二）综合性

学科核心素养不是由单一内容构成的，而是由多个维度的要素集合而成的，既包含了学科观念、学科思维、学科方法等具有学科特质的内容，也包含有跨学科属性的科学探究、科学精神、情感态度价值观等内容，这些内容之间相互联系、融为一体，不可分割。所以，学科核心素养的组成内容具有综合性的品质。

学生在习得特定学科知识、学科技能的基础上，理解学科观念、掌握学科思维方式、习得科学探究方法、领悟科学精神。显性的学科知识、学科技能是学习的主要载体，其中蕴含着重要的学科思维、学科方法、学科习惯、社会责任等隐性内容，通过显性内容的学习，内化为隐性内容的内在素养，各项内容在学生学习过程中相互交融、共同培养，是学科育人价值的集中体现，最终实现学科核心素养的形成。因此，学科核心素养的形成具有综合性。

（三）具体性

学科核心素养是核心素养的关键组成部分，是核心素养在学科教育中的某一方面的具体体现。核心素养是每个人共同必备的素养，学科核心素养是每个学生都必须获得和具备的共同素养，不是少数优秀学生独有的特殊素养。因此，核心素养和学科核心素养是整体与局部的关系，学科核心素养是学生发展核心素养中相对具体的目标，是学科层面和实践层面的具体表述，是学生发展核心素养的具体化体现和要求，成为核心素养通过学科课程而落地实施的桥梁。所以，学科核心素养是学生发展核心素养的基础，对学生核心素养的形成起着支持作用。

（四）发展性

学科核心素养不是先天就有的，而是学生通过学科课程的学习过程，逐步发展形成的，并且，随着学生学习的不断深入，学科核心素养的发展水平不断提高。所以，学科核心素养着眼于学生的成长过程，关注其对学生终生发展的意义。指向核心素养发展的学习是一个过程，不仅是获得知识和技能的过程，更是特定的情感态度价值观持续发展的过程。[1]因此，学生形成的学科核心素养也具有持久性和可迁移性的特点，能够伴随人的毕生发展。即使离开学校进入社会，学生所形成的学科核心素养，依然能够帮助学生继续学习该学科的知识，关注该学科领域的发展；也能引领学生从学科的角度思考和处理问题，帮助学生运用学科核心观念和学科思维，认识世界、解决问题，以适应社会发展的需求与挑战。

四、学科核心素养的形成

学科核心素养是学生通过特定学科的学习而逐步形成的，因此，聚焦发展学生学科核心素养的关键是学科教学的内容既要源于学科知识又要超越学科知识，能够把握学科的内在本质和规律，关注学科知识和学科技能的教育价值和意义，从知识的发生、发展来理解学科知识、建立学科思维。同时，学科教与学活动要超越对学科知识和技能的简单传承，旨在帮助学生养成学科思维习惯、掌握学科思维方法，将习得的知识和技能应用到生产生活实践中，解决复杂情境中的问题。

学科之所以为学科，其中非常重要的原因就在于学科有着自己独特的学科知识结构。学科知识是学科核心素养生成的本源，没有学科知识，学科核心素养就变成了无源之水。学科知识的载体是学科概念，对概念的理解和掌握是形成学科核心素养的前提和条件。学科概念包含学科大概念、重要概念、次位概念和基本概念，其中大概念是学科知识的核心，是具体知识背后的更为本质、

---

① 冯巍巍. 音乐核心素养的特征与培养［J］. 课程·教材·教法，2016，36（12）：9-13.

更为核心的学科抽象表述，是对事物的性质、特征及事物间的内在关系和规律的高度概括。

大概念是学科知识的精华所在，是最有价值的知识。建构大概念引领的知识体系，有助于实现学科知识间的纵向整合、横向关联和多元联结，是最能转化为素养的知识。学生通过学习建构学科大概念、形成学科观念的过程，不是简单概念与知识点的堆砌，而是通过学科知识之间不断地重组、整合和转换，建立学科知识之间的内在逻辑关联，形成一个立体的具有空间关系的结构网络，进而在大脑中形成新的知识，掌握学科的关系与结构，从而在整体上把握学科及学科知识[1]，实现整体大于部分之和的目标。

学科知识的结构化、体系化、逻辑化过程是学科核心素养形成的关键步骤。每个学科都有自己的结构群，不同学科结构群的学习、内化，有助于学生头脑中形成诸多有差异又能相通的结构群和结构思维的方法，这对于学生在陌生复杂的新环境中能用综合的眼光去发现问题、分析问题和解决问题具有基础性作用，是身处复杂多变时代的人生存、发展所需要的一种基础性的学习能力，也是学生的学习能力可自我增生的重要基础。[2]

学科思维是学科核心素养形成中最具实质性的组成部分，是抽象概括与逻辑分析的一种认知过程、方法或能力，是学生接受知识、发现知识或建构知识的基本前提。[3]学科思维是学科背后的价值观，能够让学生以学科特有的视角观察和思考问题。学生掌握了某一学科的思维方式后，在面对学科问题时能更加迅速、准确地找到解决问题的路径；更加独立地进行学习，不再过分依赖教师的指导；自主地发现问题、分析问题并解决问题，从而建立完整的知识体系，不断提升自己的学科素养。

学科思维不仅能让学生掌握表面的知识点，更能深入知识的内核，理解知识的本质和内在联系。这种深入的理解有助于学生形成深刻的认识，帮助其深化对学科知识的理解，为进一步的学习和探索奠定基础；能不断地对所学知识

① 李松林. 论教师学科教材理解的范式转换 [J]. 中国教育学刊，2014（1）：52-56.
② 叶澜. 重建课堂教学价值观 [J]. 校长阅刊，2006（8）：32-36.
③ 余文森. 论学科核心素养形成的机制 [J]. 课程·教材·教法，2018，38（1）：4-11.

进行质疑和反思，以发现其中的问题和不足，学会更加理性地看待问题，不盲目接受现有观点，而是能够独立思考、判断和评价；能在快速变化的社会中，更加有效地学习新知识，形成终身学习能力。

学科思维是学科核心素养形成的重心，培养学生的学科核心思维能在思维的广度、深度、精度等多方面提升其思维的品质。首先，引导学生在学会逻辑推理的基础上，学会关联思维、比较思维等多方面的内容，扩大思维的广度；其次，帮助学生学会归纳与概括，进而学会在真实情境中思考问题，能应用批判性思维、创造性思维解决问题，以增强思维的深度；最后，引领学生在分析和解决实际问题时，精准选择策略与方法，领悟思维的缜密性、准确性和针对性，加强思维的精度。

苏霍姆林斯基指出，对知识深刻理解并多次反复思考是真正拥有知识的关键。学习就是思考与实践经历的过程，在该过程中，学生能理解知识的形成、发展和变化。如果说学科知识是学科核心素养形成的本源，学科思维是学科核心素养形成的灵魂，那么学科活动就是学科核心素养形成的主要途径。学科教学实质就是学科活动，包含学生的学习活动和教师的教学活动，其中学生的学习活动是根本。[①]在学科活动中培养学科核心素养，旨在明确学科目标，领悟学科课程的育人价值，转变学科教学方式，建构学科育人模式。

学科活动是引导学生进行实际操作、探究和研究来促进学习的过程，学生可以掌握科学研究的基本方法，学会如何发现问题、提出假设、设计实验和分析数据，旨在提高学生的学科素养和技能，培养他们的创造力和批判性思维。学科活动涉及多个学科领域，能够让学生接触到更多的学科知识和不同的学科特点，拓宽知识面，开阔视野，丰富知识结构，提升综合素质。同时，学科活动经常涉及多个学科领域的交叉融合，为学生提供了跨学科学习和应用的机会，可以学习到如何将不同学科的知识和技能结合起来，解决实际问题，提高综合应用能力。学科活动对问题的深入分析和探讨，能鼓励学生从不同的角度审视问题，提出自己的观点，并批判性地评估他人的观点，不仅锻炼了学生的

---

① 余文森.核心素养导向的课堂教学［M］.上海：上海教育出版社，2017：72-73.

批判性思维，也增强了他们的判断力，使他们能够在复杂的情境中做出明智的决策。

许多学科活动经常需要学生分组合作，共同完成任务，通过和来自不同学科背景的同学合作，学生可以学习到如何协调不同观点，解决冲突，共同达成目标。学生在学科活动中投入一定的时间和精力，甚至可能需要在活动前进行充分的准备，这一过程让其意识到自己的行为对团队和活动的成功有重要影响，这种责任感和使命感也会激励学生在活动中更加努力，从而取得更好的成绩。通过参与学科活动并取得成功，学生可以感受到自己的能力和价值，增强自信心。同时，在面对挑战和困难时，他们也可以学会如何调整心态、保持冷静，从而培养坚韧不拔的心理品质。

学科核心素养的培养不仅仅是传授知识和技能，更重要的是培养学生具备全面发展所需的能力和品质。学科核心素养是学生发展核心素养在学科层面和实践层面的具体表述和要求，是核心素养进入课程实施环节的一个过渡桥梁。通过学科核心素养的培养，学生不仅仅是简单地掌握学科知识，更重要的是能够运用所学知识解决实际问题，拓展思维，培养创新能力和综合思维能力，在未来的竞争中脱颖而出，为其发展奠定坚实的基础，为社会的发展和进步做出更大的贡献。

第三节　生物学课程的学生核心素养

　　《普通高中生物学课程标准（2017年版）》（以下简称"高中课标"）首次提出"生物学学科核心素养"的概念："学科核心素养是学科育人价值的集中体现，是学生经过学科学习而逐步形成的正确价值观、必备品格和关键能力。生物学学科核心素养包括生命观念、科学思维、科学探究和社会责任"。[1]在《义务教育生物学课程标准（2022年版）》（以下简称"初中课标"）中提出的是"学生核心素养"："生物学课程要培养的核心素养，主要是指学生通过本课程学习而逐步形成的必备品格和关键能力，是生物学课程育人价值的集中体现，主要包括生命观念、科学思维、探究实践、态度责任"，[2]学生核心素养更强调学生是核心素养的主体。初中课标和高中课标都明确指出：发展学生（生物学学科）核心素养是生物学课程的宗旨。生物学学科核心素养与学生核心素养在核心素养的内涵和维度上是一致的，在四个维度的表述上有所差异，其中都包含"生命观念、科学思维"，区别在于"科学探究（高中）与探究实践（初中）""社会责任（高中）与态度责任（初中）"。

一、生命观念

　　高中课标对"生命观念"的定义是："生命观念是指对观察到的生命现象及相互关系或特性进行解释后的抽象，是人们经过实证后的观点，是能够理解

---

[1] 中华人民共和国教育部. 普通高中生物学课程标准（2017年版2020年修订）［S］. 北京：人民教育出版社，2020：4.

[2] 中华人民共和国教育部. 义务教育生物学课程标准（2022年版）［S］. 北京：北京师范大学出版社，2022：4.

或解释生物学相关事件和现象的意识、观念和思想方法。学生应该在较好地理解生物学概念的基础上形成生命观念，如结构与功能观、进化与适应观、稳态与平衡观、物质与能量观等"。[1]初中课标对"生命观念"的定义是："生命观念是从生物学视角，对生命的物质和结构基础、生命活动的过程和规律、生物界的组成和发展变化、生物与环境关系等方面的总体认识和基本观点，是生物学概念、原理、规律的提炼和升华，是理解或解释生物学相关现象、分析和解决生物学实际问题的意识和思想方法。生命观念主要包括生物学的结构与功能观、物质与能量观、进化与适应观、生态观等"。[2]

高中课标和初中课标尽管在具体的表述上有所差异，但都强调"生命观念"是认识生命现象和生物学事件的意识和思想方法，是在生物学概念和原理基础上形成的，包括结构与功能观、物质与能量观、进化与适应观等，还有稳态与平衡观、生态观等。其中，物质与能量观体现出生命的根本属性——物质属性，是树立生命观念的根本；结构与功能观是实现生命活动的基础；进化与适应观强调的是生命系统发展的必然结果，进化的思想是生物学学科思想的核心；稳态与平衡观、信息观反映出生命活动的规律及结果；生态观突出生物与环境的关系，体现人与自然和谐发展的思想。

（一）物质与能量观

基于自然科学的视角，物质是构成宇宙间一切物体的实物和场，包括生命在内的自然界都是由物质组成的。从生物学的角度看，生命系统是物质的，生物体由各种各样的分子组成，生命活动依赖于物质的运输和变化，这体现了生命的物质性。生命是由非生命的物质发展而来的，组成生物体的化学元素主要是C、H、O、N、P、S等，普遍存在于自然界中；组成生命的水、无机盐等物质分子与无机界的物质分子是一样的，体现出生命与非生命的统一性。物质间的运动与变化，推动着物质从无机小分子到有机高分子、从有机高分子再到多

① 中华人民共和国教育部.普通高中生物学课程标准（2017年版2020年修订）［S］.北京：人民教育出版社，2020：4.
② 中华人民共和国教育部.义务教育生物学课程标准（2022年版）［S］.北京：北京师范大学出版社，2022：4.

分子体系的转化，为生命的诞生奠定基础；推动着物质实现从多分子体系到原始生命的演化历程，并推动原始生命沿着从简单到复杂、低等到高等、水生到陆生的进化历程，直到人类的诞生。因此，生命是物质运动的特殊形式，也是物质运动的组织形式。

但是，生命系统的物质组成也有其特殊性。首先，组成生物体的物质分子，无论结构多么复杂、功能多么重要，如核酸、蛋白质等，当其脱离生物体单独存在于自然界时，就不能表现出生命现象，不再具有生命特征。只有组成生物体的各种物质分子以特有的方式聚集在一起形成一个有机整体后，才能够产生生命现象、体现出生命特征，这说明了生命与非生命之间的差异性。其次，生命系统主要是由性质和功能特殊的有机大分子组成的，其中的核酸、蛋白质是最能体现生命特性的生物大分子物质。这些关键性的大分子物质在生物体内有着重要的功能，蛋白质是生命活动的主要承担者，核酸是遗传信息的携带者。组成生命系统的各种物质在生物体内表现出的特有功能，体现了生命的独特性。再次，生命系统的组成物质有序组合成生物体的相应结构，如生物膜系统的膜结构由有序排列的磷脂双分子层及镶嵌其中的蛋白质分子组成，染色体主要由DNA和蛋白质以特定的方式组合而成等。不同种类的生物，其生物膜、染色体的组成与结构基本上相同，这体现出生命系统的有序性和统一性。

物质与能量紧密相连，物质的运动和变化往往与能量供应、流转相伴。能量可以按照物质的不同运动形式分类，包括机械能、化学能、热能、电能、辐射能、核能、光能等。在生命系统中存在多种形式的能量，其中，化学能是最重要的能量形式，生物体的活细胞中通过各种各样的吸能反应和放能反应，实现能量的吸收、释放、转化、利用等，这些发生在细胞内的能量转化服从于热力学定律，只能从一种形式转变为另一种形式。在生命系统中，生命系统的运转需要能量的驱动，能量是生命存在的基础与标志。从组成生物体的基本单位——细胞，到各器官、系统乃至整个生物体，其生命活动都是需要能量驱动的，如细胞依赖物质与能量代谢完成遗传信息的储存、传递和表达，控制生命延续。生命系统的各个层次都有能量的流动和转换。在细胞层面上，细胞通过合成代谢与分解代谢实现生命物质的更新与能量转化，物质是能量的载体，物质的合成与分解总是伴随着实现能量的吸收与释放。如光合作用过程就是由光能启动的、以物质变化为载体的复杂能量转换过程，最终实现有机物的合成与能量的储存。在生态系统层面上，物质循环是能量流动的载体，能量流动是物质循环的动力源泉，物质循环总是伴随着能量流动而展开，物质循环与能量流动是生态系统维持和运转的链条，生态系统的各种组成成分通过能量流动和物质循环紧密联系、形成统一的整体，生物圈的物质与能量平衡是人类社会存在和发展的前提与基础。由此可见，物质代谢与能量代谢是生命的本质特征。

总之，生命系统具有其特定的物质基础，而能量是维持和更新生命的动力，所以，生命系统是物质与能量的有机统一体。能量与物质相伴而生，它们相互依存、相互制约。开放性的生命系统需要持续与外界环境进行物质和能量的交换，以实现系统的自我更新。因此，认识生命系统的物质组成，特别是认识组成生命系统的生物大分子的特性，理解生命系统中能量的交换与转换，是理解生命本质的基础。①

（二）结构与功能观

结构与功能反映出事物内外两个层面的性质，其中，结构反映的是事物内在层面的构成属性，是事物内部相对稳定的构成；功能则反映事物外在层面上与外界环境相互作用的动态过程，是事物作用于他物的能力。从两者的关系看，结构是功能的基础，不同的结构具有不同的功能；而功能是结构的外在表现，在一定条件下反过来影响结构的变化。功能需要一定的结构来实现，结构产生与之相适应的功能。

生物界是由多层次结构组成的复杂系统，按照从微观到宏观的顺序依次为：生物大分子、细胞器、细胞、组织、器官、系统、个体、种群、群落、生态系统。其相邻结构层次之间，每个层次都建构在前一个层次之上，如组织是以细胞为基础构成的，群落是以种群为单位组成的。这样的生命系统结构组成，体现出明显的层次性。整个生物界从生物大分子到生态系统的连续性结构组成，又体现出整体性、统一性。

在生物的各层次结构中，特定的结构具有特定的功能。在分子水平上，

---

① 赵广宇. 高中生物学学科核心素养的生命观念刍议［J］. 教育科学论坛，2020，494（3）：39-42.

以蛋白质、核酸为代表的生命物质是按照一定的关系与连接方式组成细胞的各部分结构，如磷脂与蛋白质分子等物质构成细胞膜等生物膜结构，核糖体以RNA和蛋白质为主要物质构成。核酸与蛋白质等大分子有机物都有独特的空间结构，这决定了它们在生物体中有着特定的功能，体现出生命特性。比如，不同种类的生物所含的遗传物质（核酸）在结构上是有差异的，这是生物种类不同的根本原因。作为生命活动主要承担者的蛋白质亦是如此，在同一个细胞中就存在着各种各样的蛋白质，由于它们的结构不同，其功能也不一样，如细胞膜上的糖蛋白，具有保护、润滑、识别等作用，而酶具有催化作用等。在细胞水平上，组成细胞的各部分结构，也都有其特定的功能，它们分工合作，在一个细胞中就可以进行生命所需要的基本新陈代谢活动。如分泌蛋白的合成与分泌，首先是在内质网的核糖体上将氨基酸合成为多肽，然后多肽进入内质网加工形成蛋白质，再运输到高尔基体，完成进一步的修饰加工，最后经过细胞膜分泌到细胞外。而在多细胞生物中，随着细胞的分化，不同的组织细胞具有各自特定的功能，个体的生命活动有赖于其组成细胞的功能整合。生物的种类不同，细胞的组成结构也有差异，如植物细胞大多具有细胞壁、大液泡、叶绿体等结构，而动物细胞则没有这些结构；同样是植物细胞，叶肉细胞通常都具有细胞壁、大液泡和叶绿体，而根尖分生区细胞具有细胞壁，没有大液泡和叶绿体，这明显表现出结构与功能相适应的特点。

在生物的群体层面，存在着种群、群落、生态系统等多个层次，这些都是结构有序的系统。种群是同种生物个体的集合，群落是区域内所有生物种群的集合。生态系统是生物群落与无机环境形成的统一整体，组成生态系统的无机环境是生态系统的基础，其决定着生态系统的复杂程度和其中生物群落的丰富度；而生物群落可以反作用于无机环境，其生物类群在适应环境的同时，也在影响着无机环境。组成生态系统的生物，都有其特定的营养功能，并依据其营养功能分为生产者、消费者、分解者等成分；生产者、消费者、分解者之间通过营养关系形成食物链和食物网，构成生态系统的营养结构，成为完成生态系统的功能——物质循环和能量流动的基础。[1]

---

[1] 赵广宇. 高中生物学学科核心素养的生命观念刍议［J］. 教育科学论坛，2020，494（3）：39-42.

总之，所有生物的生命活动都要依赖于一定的结构才能完成，生物的结构决定其功能。而生物的结构与功能也是相适应的，其部分与整体是相协调的，在群体水平、个体水平、器官水平、细胞水平或分子水平都是一致的。所以，生物体的结构和功能是相统一和相适应的，这是生物进化的必然结果。

（三）信息观

生物体在物质代谢和能量代谢的基础上，还通过生物信息调控生命活动，显示出开放的生命系统与环境之间进行着物质、能量、信息的交流。信息从本质上说既不是物质也不是能量，但需要以物质为载体、以能量为动力，才能完成信息的保存、加工、复制和传递等。所以，生命系统是物质、能量、信息的统一体，信息成为构成生物体的三大要素之一。

生物信息是调节和控制生命活动的信号，可以反映生物的运动状态和方式，在细胞、个体及生态系统中调控生命活动。比如，在人体内，神经系统和内分泌系统的基本功能就是信息传递，通过神经介质、激素等信息分子实现信息传递，从而调控机体几乎全部的代谢活动。生命信息的类型包括遗传信息、生理信息、神经和感知信息。生物种类不同，所发出信息的形式是有所区别的。

遗传信息是DNA（基因）中碱基对的排列顺序，携带着生物体建构生命的全部信息存储在DNA分子上。在生物繁殖过程中，遗传信息经过亲代DNA的复制后，由亲代（细胞）传递到子代（细胞），使亲代与子代之间具有相同的遗传信息，维持了生物物种的稳定性。由于多细胞生物的个体是由一个细胞发育而成的，所以，组成个体的各种细胞具有完全相同的遗传信息，即细胞具有全能性。在后代生长发育过程中，DNA中有控制基因有序表达的信息，可以在细胞内部调控细胞发展的方向，决定着受精卵在分裂与分化过程中形成哪种类型的细胞。基因中还有专门编码信号蛋白的序列。在生物体的发育过程中，有些细胞通过表达信号蛋白调控周围细胞的变化，从细胞外部控制细胞的发展方向；在形成的新细胞中，会表达另外的信号蛋白，调控更多的新类型细胞产生；某些特定的基因表达产生的蛋白质，其顺序表达可以使细胞之间以不同的方式彼此结合，形成生物体的各种结构。这样，基因中的遗传信息就实现了对个体发育的精准调控。

生物体的各项生理功能之所以有条不紊地进行，并对环境能及时做出反应，使生物体在不断变化的环境中保持内环境的稳定，是由于生物体内存在着通过各种各样的化学信息分子进行传递的生理信息系统，使细胞有感知变化并做出反应的能力。单细胞生物通过信号感知和反应系统，感知环境中的光照、温度、酸碱度、渗透压等因素的变化，做出趋利、避害的反应，以维持稳定细胞内环境、保证各项生命活动的正常进行。多细胞生物体内的细胞生活在内环境中，细胞之间需要通过信息进行交流，实现传输、接收信息并执行信息，对内外环境变化做出反应，使体内细胞协调一致，保持内环境的稳态。承担细胞之间通信的信息分子包括多肽、蛋白质分子等激素类物质，这些通过化学介质传递的信息，在细胞表面有专门的受体蛋白来接收，或者通过细胞内的受体来传递。通过细胞表面受体与细胞外信号分子的选择性相互作用，导致一系列的生理生化反应，从而实现在细胞内外、细胞之间的信息传递。

神经和感知信息是以电信号和化学信号的形式携带、传递信息的，即神经系统将某一刺激转换成局部电流的形式在神经纤维上传导，或者是通过神经递质的形式在神经元之间传递，尽管形式不同，但它们传递的始终是同一个信息。这样，神经系统可以接受内外环境中的信息，进行加工处理并做出准确的反应，进而调节和控制机体各部分功能，实现对外界的感知与发生的反应，这是生物个体生存的基础。

生命系统的信息传递不仅发生在细胞、个体层次，还发生在生态系统的层次上，信息传递、物质循环、能量流动是生态系统的三大功能。在生态系统中，能够引起生物发生生理、生化和行为变化的各种信号，都称为信息。生态系统中信息的种类很多，依据信息的载体和传递方式，一般可分为物理信息、化学信息、行为信息和营养信息等。其中，化学信号有着极为重要的作用。在生态系统中，植物种群可以通过化学信息来调节其内部结构，也可以通过化学信息进行种间的竞争，从而实现生态系统的稳态。在动物群体中，许多动物分泌的性信息素，在种内两性之间搭建信息交流的桥梁，刺激性成熟和调节出生率。化学信息还能实现个体间、物种间的识别，以及起到标记领域，警告其他个体等作用。

在生态系统的信息传递过程中，各个生物类群既能承担信息发出者的角色，也能充当信息接收者的角色。信息在生态系统中不断被转换和传递的过程，就形成了信息流，各生物类群承担的不同角色使多个信息传递过程相连，构成一个复杂的生态信息传递网络。通过生态系统信息传递，实现了生态系统的种群内或者是种群之间的交流；也通过信息发出者与信息反应者的相互作用，实现了信息的双向交流，即信息传递把生态系统的各个组成成分联系成一个统一的整体。生态系统通过信息传递，保证生命活动的正常进行，完成种群的正常繁衍，调节生物的种间关系，最终实现生态系统的稳定。所以，信息传递是生态系统调控的基础。

总之，生命系统的正常运转离不开信息的传递，通过信息传递，调控生命活动的进行，以维持生命系统的稳态；通过生物的信息传递，实现生命系统的统一性、有序性和协调性。[①]

（四）稳态与平衡观

生命系统在分子、细胞、器官、个体、生态系统等各个层次的生命活动中，通过调节对内部和外界环境的刺激所做出的各种反应，并依靠自身精巧的反馈机制达成动态平衡，即稳态的现象。稳态是由众多生命活动平衡构成的，是两种及多种生命活动过程之间相互作用，通过协调而达到的新平衡，形成趋向于保持稳定的状态。

生命系统的不同层次都存在稳态现象。比如，在分子水平上，存在着酶活性、基因表达的稳态调节。在细胞水平上，细胞的生长、分裂或分化，细胞的衰老或凋亡，都是在机体的精确调控下达到平衡状态。在个体水平上，生物体内部时刻发生着物质变化和能量转换，体内新陈代谢所需要的物理、化学条件等不断发生变化，同时外界环境也是处于不断变化之中的。正常机体在神经—体液—免疫调节网络的调控下，使得各个器官、系统的协调活动，通过行为和生理上的反馈调节机制，如血糖调节、水盐调节、体温调节等，使生物体的温度、渗透压、pH等保持动态平衡，共同维护内环境中的相对稳定状态，从而保证生命活动的正常进行，以维持自身生存和繁衍后代，并使机体适应外界环境的变化。在群体水平上，组成生态系统的生物群落与无机环境之间，通过能

---

① 赵广宇. 高中生物学学科核心素养的生命观念刍议［J］. 教育科学论坛，2020，494（3）：39-42.

量流动、物质循环和信息传递，使生物与生物之间、生物与无机环境之间建立起动态平衡，达到高度适应、协调统一的状态。在受到外来干扰时，由于生态系统具有抵抗力稳定性和恢复力稳定性，能通过自我调节恢复到初始的稳定状态，可以有效保证生态系统在一定范围波动，表现出生态系统的能量与物质输入、输出动态的相对稳定状态。

稳态是具有自我调节机制的动态平衡，是生命系统正常运行的必要条件，是生命系统最基本的特征之一。生命系统面对外界环境的变化时，通过各种调节机制使外部环境对生命系统的干扰保持在一定范围之内，维持系统的协调稳定，呈现出平衡与变化之间的有机统一。随着生命系统的结构由简单到复杂、由低级到高级，生命系统的自我调节能力也不断提高；构成生命系统的各要素之间、生命系统与环境之间的协调水平也随之不断提高，从而实现生命系统的相对稳定。所以，任何生命系统的稳态都是在一定范围之内波动的，是生命系统不断打破旧平衡，建立新平衡的过程，稳态与平衡之间具有内在联系的一致性。

（五）进化与适应观

进化是指事物逐渐变化、发展，包括天体的消长、生物的演变、社会的发展等。当进化特指生物进化时，其含义是指一切生命形态发生、发展的演变过程，是种群里的遗传性状在世代之间的变化。

生物的遗传、变异是进化的必要前提，在生殖过程中可能发生基因重组、基因突变等变异，导致亲代与子代、子代不同个体之间出现性状的差异。遗传、变异受到非随机的自然选择或随机的遗传漂变影响，在种群中变得较为普遍存在时，就意味着生物种群发生了进化。所以，进化的实质是种群基因频率的改变。生物进化的过程极为缓慢，选择一直作用于基因型，伴随遗传变化从一代到另一代，进化的历程可能需要几百代甚至是上千代的演变才能实现。突变和重组造成的生物变异具有随机性，进化则是自然界对生物中广泛存在的变异进行选择的结果。选择使生物一代又一代愈加适应它所处的环境，因此，环境决定进化的方向，表现出多元性。进化的结果必然出现生物与环境的相互协调，产生生物的适应。

适应是指生物的形态结构和生理机能与赖以生存的环境条件相适合的现

象，是生物特有的且普遍存在的现象，体现出自然界对生物体选择结果的特征或特性。生物的适应性首先表现在生物各层次的结构都与功能相适应，如鸟类身体呈流线型、体表被有羽毛、前肢特化成翼、骨骼中空、有肺且有气囊，这些结构都是与鸟类的飞翔生活相适应的。不同种类的生物长期生活在相同环境条件下时，它们的外形特征和生理特性具有相似性，会形成相同的生活类型。生物的适应性其次表现在生物体通过遗传、生理或生化的调整，在行为、习性等功能上发生了与环境相适应的变化，以确保在一定条件下更好地生存与繁衍。比如，被子植物的传粉机制在进化中随环境的改变不断进化，始终与环境相适应。由于被子植物所处环境不同，其传粉机制呈现出不同的方式，根据传粉媒介的不同可分为风媒、虫媒、鸟媒、水媒等。不同传粉方式表现出与环境相适应的形态、生理功能等。例如，风媒花的花蜜几乎消失殆尽，且少花被或者是花被退化；虫媒花能产生各种各样的引诱剂如花蜜、花粉等。这表明被子植物会随环境改变而不断进化出与所生存环境相适应的传粉机制，保证物种的繁衍。

进化与适应是自然界存在的普遍现象，生物的形态结构与生理功能表现出与生活环境相适应、相统一的现象，是生物进化发展的基本规律，是生物体得以生存的基本条件。任何类型的生物在进化过程中，都会随着环境因素变化而发生自身形态、结构等的改变，迫使生物个体具有适应环境的能力。所以，每种生物都是和环境相适应的，这种适应是在长期自然选择过程中形成的，是不断发展和进化的。适应在时间和空间里积累实现量变到质变就是进化的过程，因适应而生存的生物才有继续进化的机会。一方面，生物适应于不同环境而不断分化的结果，产生了生物的多样性；另一方面，生物又源自共同的祖先，不同的物种有着或远或近的亲缘关系，又体现出生物的统一性。生物界多样性与统一性相结合的观点，就是进化的观点。

进化论的诞生，是生物学、自然科学乃至人类思想的一次革命。生物进化思想的主要内容是：地球上的生物不是神创造的，最初的生命是由非生命物质分子形成的，现存的所有生物都是由共同的原始祖先不断进化而来的，各种生物之间有着或远或近的亲缘关系，一个物种是由原先存在的另一个物种演变而来的；在进化过程中，生物的种类和数量由少到多，生物的结构和功能由简单到复杂，生物的生活环境由水生到陆生，生物的分类地位由低等到高等。生物进化论以科学的证据证明物种是可变的，而且是一直在变化之中的；这里没有超自然的创造，生物按照自身的法则在无休止地运动，在不断变异的过程中实现进化。进化思想居于生物学学科思想的核心地位，进化观自然成为中学生物学课程中生命观念的核心内容之一。进化论为辩证唯物主义提供了重要的自然科学基础，并能够对生物界的多样性、适应性和统一性做出合理的解释。

（六）生态观

生态学思想是生物学学科思想的核心内容之一，生态观是中学生生命观念的核心要素之一，是学生形成可持续发展观念的重要思想基础和理论基础。现今的生态观已经超越生命科学领域的范畴，具有一般世界观和方法论的意义。因此，生态观的内涵包括以下两个方面。

一是生物学范畴的含义，是人们对于生态系统运动规律的基本认识，体现生物体与环境相互作用的观点。即任何物种的生物个体或种群，都需要与其生存的环境之间进行物质和能量的交换，必须依赖于一定的环境而生存；环境条件作用于生物的个体与种群，影响着个体的代谢与繁殖，影响着种群的延续与演化。所以，生物体的结构、功能与行为都表现出与外界环境相适应的特征。同时，生物个体和种群也可以反作用于环境，在一定程度上影响和改变环境。其核心观点是强调生态系统的整体性，即生态系统在结构和功能上是统一、稳定的整体，生态系统内通过物质循环、能量流动、信息传递的相互作用，使个体、种群、群落和生态系统各个层次保持较长时期的相对稳定，呈现出生态系统的稳态。

二是哲学世界观范畴的含义，是在生态学理论中相关的基本概念、基本原理和基本规律的基础上，从人类与自然的全球生态系统层面上进行哲学世界观的概括，包括了对生物与环境之间的关系与变化规律的认识、对生态系统的整体运行规律的认识、对人类在生物圈及各个生态系统中的地位、作用、影响的认识。由此建立的生态观，是在人与自然面临着资源和环境等系列新问题的背景下形成的，是对人与自然关系中生态问题的总体观点与认识，是指导人类认识自然、利用自然和改造自然的基本思想，是人类自然观的组成部分。

生态观强调生态系统是基础，生物与环境之间具有整体性。即人与环境是不可分割的有机整体，人类社会不能脱离生态系统而存在；人类对生态环境的影响、对自然资源的开发与利用，必须控制在环境承载力和生态系统调节能力范围之内。作为可持续发展的主体的人类，既是生态圈的宝贵资源，又是最具有破坏性的力量。人类社会的经济发展必须遵循自然生态规律，按照自然生态规律办事，不能以破坏生态环境来换取经济发展。人类要正确认识并处理人类与自然环境的关系，改变以征服自然、统治自然为目标的对立行为模式，自觉地将自己视为自然大家庭中的平等成员，重塑人与自然的伙伴关系的合作行为模式，实现人类与自然环境的协调发展。只有辩证地看待个体与群体、局部与整体的关系，才能与自然和谐相处，经济、社会才能实现可持续发展。

可持续发展观是人类社会的发展与自然生态环境的稳定之间发生尖锐矛盾的状况下提出的，世界环境与发展委员会在《我们共同的未来》中对"可持续发展"的定义："既满足当代人的需要，又不对后代人满足其需求的能力构成危害的发展。"它包括两个重要概念：需要的概念，尤其是世界各国人们的基本需要，应将此放在特别优先的地位来考虑；限制的概念，技术状况和社会组织对环境满足眼前和将来需要的能力施加的限制。可持续发展包括经济的可持续发展、生态环境的可持续发展、社会的可持续发展，其中，生态环境的可持续发展是经济、社会可持续发展的基础。可持续发展观秉持公平性、持续性、共同性的原则，着眼于全球的共同发展和子孙后代的发展；强调的是经济、社会、环境的协调发展；考虑的是不同国家、不同地区之间的公平发展。

当今世界面临着人口、资源、环境、粮食与能源等五大危机，随着人口的迅速增长，人类经济活动的不断加剧，人类盲目地大量向自然界索取生物资源。人类利用自然、改变自然生态系统的速度已经超过了对生态系统认知的速度，地球上的资源条件正在迅速而广泛地恶化，生态环境问题成为全世界各国在经济发展、社会进步、生活福祉、文明建设和安全稳定等方面所面临的重大挑战。比如，人们总是期望从生态系统中能够最大程度地获得某种产品，如将湿地转变为农田以获取粮食，从而牺牲湿地原有的补充地下水、净化水、保持生物多样性等生态功能，其中造成的某些损失是通过技术无法补偿的。这些行为严重威胁到生态系统的稳定性，影响到生态系统功能的正常进行。然而，生态系统及其所能提供的自然资源，是人类社会赖以生存和发展的物质基础，生态系统功能的正常运转，可以实现其众多的直接价值和间接价值，包括生物的生产、调节物质循环、土壤的形成与保持、调节气候及气体组成、净化环境、维持生物多样性、传粉播种、防灾减灾等，从而为人类的生存和发展提供了持续、可观的各类产品和各种可见或不可见的服务，其潜在价值也将为人类生存发展发挥出不可估量的作用。

因此，生态观和可持续发展观之间有着内在的本质联系，只有在正确生态观的指导下，维护、保持生态系统的可持续发展，才能谈得上环境、经济、社会的可持续发展。

生命观念是人类以科学的视角对生命世界的认识，是科学的自然观和世界观在生物学课程中的集中展现，体现了具有生物学学科特色的课程育人价值。

二、科学思维

高中课标对"科学思维"的定义：指尊重事实和证据，崇尚严谨和务实的求知态度，运用科学的思维方法认识事物、解决实际问题的思维习惯和能力。[1]初中课标提出："科学思维"是指在认识事物、解决实际问题的过程中，尊重事实证据，崇尚严谨求实，基于证据和逻辑，运用比较、分类、归纳、演绎、分析、综合、建模等方法，进行独立思考和判断，多角度、辩证地分析问题，对既有观点和结论进行批判审视、质疑包容，乃至提出创造性见解的能力与品格。[2]

从生物课程标准对科学思维的定义可以看出，科学思维的主要形式是逻辑思维，也是生物学学科课程着力培养的思维能力。具体的思维方法包括以下几个方面。

（一）比较与分类

比较是将研究对象的属性与特征加以对比，以确定事物之间的共同点和差

[1] 中华人民共和国教育部.普通高中生物学课程标准（2017年版2020年修订）［S］.北京：人民教育出版社，2020：4.

[2] 中华人民共和国教育部.义务教育生物学课程标准（2022年版）［S］.北京：北京师范大学出版社，2022：5.

异点的思维方法。根据研究对象，比较思维可分为同类事物之间的比较和不同类事物之间的比较。按照比较形式或比较内容，比较思维可分为求同比较和求异比较，前者是比较两个及其以上研究对象的共同点而认识对象的属性与特征的思维方法，后者是比较两个及其以上研究对象的相异点而认识对象的属性与特征的思维方法。比较的思维方法可以帮助学习者从事物的共性与特性的视角全面认识研究对象的属性与特征。

分类则是根据对象的共同点和差异性，或者是事物之间的相互关系，将它们分门别类，形成一个系统的结构，从而把对象分为不同种类的逻辑思维方法。分类分为"分"和"类"，"分"的依据是对象的不同点，"类"的依据是对象的相同点，分类体现了客观事物的共性与个性的差异。首先，每次分类必须按照同一标准进行，否则，就是犯"分类重叠"的错误。其次，分类的子项应当互补相容。否则，就要犯"子项相容"的错误。例如，生物种类可以按照"形态结构"等方面的特征分为原核生物、原生生物、真菌、植物、动物等；而按照营养方式可分为自养生物和异养生物。但是，如果在分类上将植物、动物、自养生物、异养生物并列，既出现"分类重叠"错误，也犯了"子项相容"错误。

比较是分类的基础，只有比较对象的共同点和差异性，确认事物的主要特征和次要特征，才能把事物进行科学的分类，揭示出事物之间的关系。在实际应用中，可以将这两种方法结合起来使用，以达到更好的效果。同时，也需要注意科学分类的规则和方法，以确保分类具有科学性和可靠性。

（二）归纳与演绎

归纳是以个别事物为前提，概括得出一般性原理、规律，即由个别中发现一般的思维方法。运用归纳思维的方法，人们常称为归纳法。人类的自然科学发现史证明，许多自然科学中的经验性定律、定理、公式等，都是应用归纳法总结出来的。

归纳思维的方法有许多类型，如枚举归纳法（包括完全归纳法、不完全归纳法）、排除归纳法（包括求同法、求异法等）、概率统计与演算归纳法、确证概率归纳法等。归纳思维可以帮助人们从经验（个别性认识）中概括出科学的原理、定律（一般性认识），能够有效弥补人们认识能力的局限性，从而拓宽了认识的范围。

演绎是以一般性原理、定律等为前提，推理得出个别性（特殊性）知识结论的思维方法。演绎思维所依据的一般性知识都具有该类事物的普遍性特征或普遍性规律，体现了所有个体的共性，能够适用于所有个体事物。所以，演绎思维是将普遍性原理推论到具体性事例的思维，对论证理论具有重要作用。在科学探索活动中，演绎思维方法包括演绎解释法、演绎预测法、演绎证明法、演绎否证法等。

人们对事物的认识往往从个别开始，然后扩展到一般，再从一般进一步认识个别，即采用归纳与演绎相统一的辩证思维方法。在进行归纳时，不可能穷尽所有的个别，因此归纳出来的结论不一定是正确的，还需要演绎推理进行论证；而演绎的前提需要归纳来提供。因此，归纳思维和演绎思维是相互联系、相互补充的，在科学思维活动中统一为一个有机整体。在科学活动中，要将归纳思维与演绎思维有机结合起来，科学合理运用归纳思维和演绎思维方法。

（三）分析与综合

分析是把研究对象的整体分解为各个组成部分，或者是把整体事物中的个别部分、个别特性等分解出来，分别加以研究的思维方法。

综合是把研究对象的各个组成部分联系起来，或者是把整体事物的个别部分、个别特性按照其内在联系有机地组合起来，从整体上去认识和把握研究对象，以掌握事物的本质和规律的思维方法。

在客观世界中，事物都是由各个部分组成的、具有内在联系的有机整体。认识事物，需要在整体中认识局部、把握事物的各个组成要素；也需要根据各个局部的特征把握其内在联系，进而认识整体事物。因此，在科学思维中，分析与综合是相互依存、相互渗透、相互转化的，在分析的基础上进行综合，在综合的指导下开展分析。

分析是最基本的科学思维方法，无论是比较与分类，还是归纳与演绎，自然科学中的任何思维活动都离不开分析，在分析的基础上进一步综合，是思维的延续和发展。

（四）抽象与概括

抽象是在分析、比较、综合的基础上，把同类事物中共同的、本质的特征抽取出来，舍弃个别的、非本质的特征，从而把共同属性与其他属性分离开的思维方法。

抽象是把感性材料通过"去粗取精、去伪存真、由此及彼、由表及里"的思维过程，抽取出事物的本质特征和属性，可以形成概念。例如"同源染色体"，需要根据染色体在减数分裂过程中的行为变化特征，抽象出"同源"的本质属性是两条染色体能够联会，而染色体的形态与大小、是否来自父方与母方则是其非本质特征。

概括是把抽象出的事物共同的、本质的特征综合在一起，建立起联系，从而归结同类事物共性的思维方法。概括是抽象的进一步发展，能够把抽象出来的本质属性归结成普遍原理，推广到同类事物，扩大了思维成果。

抽象与概括既有区别又有联系，抽象侧重于分析和提炼，能透过事物的表面现象抓住事物的本质。概括则重在归纳和综合，在把握事物的本质特征的基础上，总结出某类事物的共同属性。抽象是概括的基础，没有抽象就不能进行概括；概括是抽象的发展，抽象中有概括，二者不可分割。生物学概念的形成通常是抽象与概括共同作用的结果，即通过抽象把主要的、本质的生物学属性抽取出来，舍弃次要的、非本质的属性；再通过概括得出代表同类事物的本质特征，最终以生物学概念、原理、定律的形式进行描述并固定下来。

（五）模型与建模

模型是人们借助于具体的实物、形象化的手段或抽象的形式，为了某种特定目的而对认识对象所做的一种简化的描述，是选择与原型具有相同特征的模型对原型进行解释和抽象的方式。因此，模型作为一个抽象的、简化的、具有代表性的思维工具，有助于人们厘清思路、发现规律、预测趋势，从而更好地应对复杂的现实世界。常用的模型包括物理模型、数学模型和概念模型等。

模型思维是对现实世界复杂系统的某个侧面或局部的规律或近似规律的现象进行表征的工具，通过对现有模型的分析、评估、修改、应用，可以促进对模型的认知和概念的理解。从生物学学科的视角看，模型是生命世界在人们头脑中简化的反映，是人们认识生命世界和阐明生命活动原理的重要方式之一。而模型思维就是从诸多生物学事实中抽象出核心要点，并在核心要点之间建立联系，进而形成生物学概念的思维过程，是一种高级的思维模式。[①]

建模即建构模型，是指把原型的映像呈现出来的过程，包括模型创建、修正、检验等不断循环的过程。[②]建构模型的过程，是基于建构、评估、修改的建模历程开展模型实践和科学探究，需要经历理论建构与证据协调等高阶认知过程。

建模思维是针对某特定对象设计一个模型，用模型来描述和解释实际问题的思维方式。建模思维的本质是将事物看作一个系统，将系统中的各个部分抽象出来，构成一个模型，其目的是简化研究对象的信息，提取关键要素及其之间的关系，通过模型来认识、理解研究对象，预测研究对象的变化趋势，最终达到应用的目的。中学生物学学科中常用的物理模型、数学模型、概念模型，建构的思维难度有一定的差异：物理模型一般较具体，侧重模拟，其难度体现在数字化的虚拟模型与实体的比较分析方面；数学模型较抽象，侧重数型转换分析，其难度体现在离散的数据测量和符合逻辑的曲线拟合方面；概念模型注重对知识归纳概括、思维框架的逻辑演绎。[③]

建模思维是一种跨学科、跨领域的思维方式，往往需要综合运用数学、物理、统计、计算机科学等多个学科的知识和方法，强调个体在知识构建过程中的主动性和创造性，通过将抽象概念具象化，帮助学习者深化对知识的理解和应用。

综上所述，科学思维是生物学学科核心素养中"能力"要素的关键部分，是学科概念形成的工具，可以帮助学生获得新知识并学习如何使用知识，进而形成生命观念；科学思维是一种重视实证和逻辑的求真务实的思维习惯和能力，是科学探究的基础。

---

① 吴宇清. 模型思维可视化在高中生物学教学中的应用［J］. 中学政治及其他各科教与学，2023（11）：18-21.

② 沈伟云. 基于模型与建模思维发展的初中生物学实验教学［J］. 中学生物教学，2022（19）：51-54.

③ 吴宇清. 模型思维可视化在高中生物学教学中的应用［J］. 中学政治及其他各科教与学，2023（11）：18-21.

三、科学探究与探究实践

高中课标提出的"科学探究"是指"能够发现现实世界中的生物学问题，针对特定的生物学现象，进行观察、提问、实验设计、方案实施以及对结果的交流与讨论的能力"。[①]初中课标中提出的"探究实践"是学生"源于对自然界的好奇心、求知欲和现实需求，解决真实情境中的问题或完成实践项目的能力与品格。探究实践活动主要包括科学探究和跨学科实践"。[②]

科学探究是一种能力，是学生核心素养的重要组成部分；同时，科学探究也是一种学习方式，探究性学习是学生以类似于科学家开展科学探究的方式进行学习。

（一）科学与科学研究

自然科学是基于对观测和实验的经验证据，对自然现象的描述、预测、解释和理解。而科学研究是科学家们在研究自然界时，用于发现科学事实、揭示科学规律、解释科学现象的过程和方法，是科学家工作的基本范式和核心内容。科学家在寻求有关自然界各种问题的答案过程中，积累知识、认识客观规律。

科学研究的基本任务就是探索、认识人类未知的领域，针对所发现的问题，开展调查研究、实验、分析等一系列的研究活动，探寻相关问题的内在本质和规律，或者寻找解决问题的方案，为创造发明新产品和新技术提供理论依据，或获得新发明、新技术、新产品。因此，根据研究工作的目的不同，科学研究可分为基础研究和应用研究。

一般来说，科学研究的基本程序包括：发现问题，选择研究内容，设计研究方法，实施研究方案，收集研究结果，整理分析、得出结论。在这个过程中，科学家需要检索、整理已有的研究成果，对问题进行实验研究，思考和分析可行性的解决办法，收集数据并开展分析、推论等。

[①] 中华人民共和国教育部.普通高中生物学课程标准（2017年版2020年修订）［S］.北京：人民教育出版社，2020：5.

[②] 中华人民共和国教育部.义务教育生物学课程标准（2022年版）［S］.北京：北京师范大学出版社，2022：5.

（二）生物学课程中的科学探究

科学家的科学研究是为了认识自然界的本质性规律而进行的具有创造性的工作，而在生物学课程中学生进行的科学探究，其探究的问题是生物学知识体系中已有的概念、原理、定律，只是学生未知的知识。所以，生物学课程中的科学探究是学生们用以获取知识、领悟科学的思想观念、领悟科学家们研究自然界所用的方法而进行的各种活动。

生物学课程中的科学探究与科学家进行的科学研究活动相距甚远，活动本身通常不具备科学研究应有的本质特征。学生在课堂上进行的科学探究活动，主要环节有：发现问题，制订方案，实施方案，获得证据，分析证据，得出结论、进行表达与交流等。希望学生像科学家一样，在积极参加科学探究活动的过程中，开展观察事物，收集数据，对观察现象进行分析、发表见解；查阅、收集、分析资料等活动，通过科学探究活动来建构概念、领悟原理、概括规律，逐步认识生命世界。同时，树立科学态度、形成科学精神，掌握科学探究的基本思路和方法：能够从生物学现象中发现和提出问题、收集和分析证据、得出结论。[1]

（三）跨学科实践

跨学科实践是指综合运用两种或两种以上的学科概念、学科思维，以解决真实问题，学生自主参与、主动探索的学习活动。[2]跨学科实践活动的目标指向真实情境中的问题解决，要求学生以生物学概念为基础，综合运用生物学、物理、化学等学科以及技术、工程学和数学等学科的概念、方法和思想、实验操作技能，采用工程技术手段，通过设计、制作和改进，形成物化成果，将解决问题的想法或创意付诸实践，以寻求科学问题的答案或制造相关产品。[3]

跨学科实践活动在初中学段的要求：包括模型制作、植物栽培和动物饲

[1] 中华人民共和国教育部. 义务教育生物学课程标准（2022年版）［S］. 北京：北京师范大学出版社，2022：6.

[2] 吴成军. 义务教育生物学核心素养的内涵及分析［J］. 生物学教学，2022，47（7）：2-5.

[3] 中华人民共和国教育部. 义务教育生物学课程标准（2022年版）［S］. 北京：北京师范大学出版社，2022：6-7，28.

养、发酵食品制作，希望学生通过此类活动能够认识生物学与社会的关系，能够理解科学、技术、工程学、数学等学科的相互关系，并尝试运用多学科的知识和方法，通过设计和制作，解决现实问题或生产特定产品，发展核心素养。[①]跨学科实践主要环节包括：提出任务，制订方案，实施方案，形成初步产品，改进设计，物化成果，进行表达、交流或展示等。[②]

跨学科实践具有如下特点：①综合性，需要综合运用包括生物学学科在内的两种及其以上的学科知识、整合多种学科方法，通过项目式、任务式、主题式的实践活动，在实践过程中综合运用多学科知识与方法用于解决跨学科的问题。②实践性，跨学科学习活动的形式是实践活动，要运用技术、工程学等学科的知识、方法与思想，通过文献资料检索、调查、观察、实验、建模等方法，经过设计、制作，解决真实生活情境中的现实问题或生产出相应的生物学产品。③真实性，跨学科实践活动注重活动内容与实际生产生活的联系，需要设置生产生活中的真实情境，设计需要解决的真实问题，促使学生在解决真实问题中发展核心素养。④探究性，跨学科实践活动的主题通常具有一定的开放性，基于真实问题的解决方案具有复杂性和多样性，需要学生采用合作学习和探究学习的方式，经历实验探究或设计制作的过程，获得活动的成果。

探究实践所包含的科学探究和跨学科实践，既重视在生物学课程学习过程中发展观察、实验等生物学学科基本能力与科学探究能力，也强调培养和提高跨学科实践解决问题或完成项目的能力与品格。

四、社会责任与态度责任

高中课标提出的"社会责任"是"指基于生物学的认识，参与个人与社会事务的讨论，作出理性解释和判断，解决生产生活问题的担当和能力。"[③]初

---

① 中华人民共和国教育部.义务教育生物学课程标准（2022年版）［S］.北京：北京师范大学出版社，2022：28.

② 中华人民共和国教育部.义务教育生物学课程标准（2022年版）［S］.北京：北京师范大学出版社，2022：5.

③ 中华人民共和国教育部.普通高中生物学课程标准（2017年版2020年修订）［S］.北京：人民教育出版社，2020：5.

中课标中提出的是"责任态度"，"是指在科学态度、健康意识和社会责任等方面的自我要求和责任担当。"[1]

（一）社会责任

高中课标的"社会责任"要求：学生应能够以造福人类的态度和价值观，积极运用生物学的知识和方法，关注社会议题，参与讨论并作出理性解释，辨别迷信和伪科学；结合本地资源开展社会实践，尝试解决现实问题；树立和践行"绿水青山就是金山银山"的理念，形成生态意识，参与与环境保护实践；主动向他人宣传关爱生命的观念和知识，崇尚健康文明的生活方式，成为健康中国的促进者和实践者。[2]

社会责任强调在生物学课程学习成果的基础上，能够基于对生物学知识的认识水平，以及形成的科学的态度与价值观，参与个人与社会事务的讨论，并由此做出理性的判断或解释；能够合理运用生物学知识，负责任地处理个人与社会的关系和事物，并采取恰当的决策和行动。

（二）态度责任

初中课标提出的"态度责任"包括科学态度、健康意识、社会责任三个方面。其中，科学态度是指乐于探索自然界的奥秘，具有严谨求实、勇于质疑、理性包容的心理倾向，能够基于生命观念和科学思维，破除迷信，反对伪科学。健康意识是指在掌握人体生理和卫生保健知识的基础上，关注身体内外各种因素对健康的影响，在饮食作息、体育锻炼、疾病预防等方面形成健康生活的态度和行为习惯；健康意识是生物学课程育人价值的独特体现。社会责任则是基于对生物学的认识及对科学、技术、社会、环境相互关系的理解，参与个人和社会事务的讨论，作出理性解释和判断，解决生产生活问题的责任担当和能力；初步形成生态文明观念、践行"绿水青山就是金山银山"的理念，积极参与环境保护实践，立志成为美丽中国的建设者；主动宣传关于生命安全与健

[1] 中华人民共和国教育部.义务教育生物学课程标准（2022年版）[S].北京：北京师范大学出版社，2022：5.

[2] 中华人民共和国教育部.普通高中生物学课程标准（2017年版2020年修订）[S].北京：人民教育出版社，2020：5.

康的观念与知识，成为健康中国的促进者和实践者。①

态度责任（社会责任）是核心素养的目标维度之一，属于生物科学中的非智力因素，涉及知、情、意、行四个层面，即社会个体对自己、他人（包括家庭）、集体、国家民族、人类社会及自然界承担使命和履行义务的心理和行为表现；是其他三个素养发展的动力和目的，综合体现其他三个素养的水平。②

① 中华人民共和国教育部. 义务教育生物学课程标准（2022年版）［S］. 北京：北京师范大学出版社，2022：5-7.
② 朱立祥，乔文军. 新版课程标准解析与教学指导（2022年版）·初中生物学［M］. 北京：北京师范大学出版社，2022：17.

第四节　发展学生生物学学科核心素养是深度学习的目标

　　生物学学科核心素养是学生通过生物学课程学习而逐步形成的、能够适应终身发展和社会发展需要的正确价值观念、必备品格和关键能力。提高生物学学科核心素养是生物学课程的宗旨，是生物学课程育人价值的体现。深度学习是发展学生生物学学科核心素养的重要路径，深度学习所具有的学习目标高层次性、学习过程的深入性、学习结果的深刻性等特征，都保证了学生的生物学课程学习活动指向生物学学科核心素养的发展。

一、生命观念奠定生物学学科核心素养的基础

　　生物学是研究生命现象和生命活动规律的科学，是自然科学的重要组成部分。生命是生物学研究的对象，生物学研究的主要任务就是揭示生命的奥秘。所以，生命是生物学课程的逻辑起点，认识生命世界是生物学课程的核心目标。学生需要把握生命的本质才能真正认识生命世界。因此，认识生命的本质是中学生物学课程的基本教育价值之一。

　　人类在认识生命本质的历程中，需要不断地回答生命"是什么""怎么样"和"为什么"等问题，科学家经过长期的实证研究，在解释生命现象、解决生物学问题的过程中形成的认识、观点，凝练后形成了生物学的概念、原理。由众多的生物学概念、原理构成的生物学理论体系，能够总结提炼形成生命观念。由于生命观念是以系统化的概念为基础，抽象出来关于生命本质的观点、思想。所以，生命观念比一般的概念更为宏大，能够体现人们认识生命本质而形成的观念、思想方法，更接近于生物学思想。从生物学课程标准的定义

看，生命观念是科学家经过研究后形成对生命世界的认识，能够体现生物学学科的本质属性，是生物学中最精华、最有价值的内容。因此，生命观念是构成生物学学科核心素养的各要素中唯一具有生物学属性的，是学科育人价值中最具有生物学特质的组成部分，在生物学学科核心素养组成要素中居于首位。形成生命观念是学生认识生命世界本质属性的成果，最能体现生物学课程的育人价值。

生命观念是科学家经过实证后的想法或观点，是"专家"型知识的重要组成。①这些观念汇总了生命世界中的自然法则，体现了人们对生命世界理性的认知和科学的视角，是科学的自然观和世界观在生物学课程中的具体展现。生命观念也是学生讨论生命现象和研究生命现象时需采纳的基本思想方法，有助于区别和排除封建迷信、伪科学等干扰，做出理性的决策。生命观念的建立，需要以概念为支撑，以思维为工具。生命观念对价值观念、品格的形成起到支持作用，因此与社会责任的形成有关联。科学探究是概念形成的途径，也是生命观念建立的途径。②可见，生命观念是形成科学思维、科学探究和社会责任的载体，生命观念的形成与其他三者都有密切联系。所以，生命观念在生物学学科核心素养组成要素中居于首要位置，建立生命观念是形成生物学学科核心素养的基础。

对于高中学生而言，学习生物学课程最关键的是在理解生物学概念、原理的基础上，逐步形成生命观念，这是深刻理解生命本质的必备途径。生命观念是学生学完生物学课程多年之后，具体概念早已忘记却仍然留在脑子里的东西，③是学生认识生命世界"最精华"的成果，是最能体现生物学学科本质特性和教育价值的部分。建立生命观念，是形成生物学学科核心素养的标志成果。

---

① 刘恩山. 生命观念是生物学学科核心素养的标志［J］. 生物学通报，2018，53（1）：18-20.

② 谭永平. 生物学学科核心素养：内涵、外延与整体性［J］. 课程·教材·教法，2018，38（8）：86-91.

③ 谭永平. 发展学科核心素养——为何及如何建立生命观念［J］. 生物学教学，2017，42（10）：7-10.

二、科学思维是形成生物学科核心素养的核心

科学思维是从科学的视角认识生物的本质属性、内在规律及相互关系的方式，是人们对生命现象的认知从感性认识上升到理性认识的结晶。科学思维是生物学核心素养能力因素的核心部分，所有核心素养的形成都依赖于积极主动的思维。

在生物学课程中，科学思维是基于事实证据、运用科学概念、通过科学推理和论证对客观事物的本质、规律及其相互关系做出判断和解释，对客观事物的发展变化做出预测的认识方式。生物学中的一些重要概念，如定律、原理、规律等都是人类科学思维的产物，形成这些概念一般需要进行分析、比较、归纳、演绎、综合、抽象和概括等科学思维的过程。科学思维既重视概念形成的结果，也关注概念的形成过程。由此，科学思维既是概念形成的工具，也是生命观念建立的工具。概念教学在本质上也是思维教学，需要引导学生在事实的基础上通过抽象和概括等思维活动建构概念。在高中生物学课程中，应将科学思维的培养与概念教学有机结合起来，把发展学生科学思维的能力和品质作为生物学教学的重要目标之一。[①]

科学思维的实质是重视事实和证据、强调逻辑、推崇严谨务实求知态度的思维习惯，是常规逻辑思维在科学领域的具体运用。当面对科学问题时，基于已有的知识和经验，先运用创造性思维提出猜想或假说，再寻找证据检验猜想或假说是否成立，然后靠逻辑思维对证据进行分析和解释，还要运用批判性思维审视观点或结论，进行思考和追问，最后才能够获得科学的结论。[②]将科学思维纳入生物学学科核心素养的组成要素，显现出高中生物学课程的科学属性。通过生物学课程的学习活动，学生学会运用归纳与概括、演绎与推理、模型与建模等方法探讨生命现象、审视或论证生物学社会性议题；能够将科学思维作为一种可以带到每一节理科课堂并可延伸到日常生活的习惯。这就要求学

① 吴成军. 试论科学思维及其在生物学学科中的独特性［J］. 生物学教学，2018，43（11）：7–9.

② 赵占良. 对生物学学科核心素养的理解（二）——科学思维及其教学［J］. 中学生物教学，2019（10）：4–7.

生能将"清晰、准确、质疑、客观、逻辑、深刻"等思维的要素内化为思考和决策的原则，并将其应用于倾听和发言、阅读与写作等未来的专业工作或个人生活之中，使科学思维成为学生的第二天性。[①]

生物学课程教育的核心目标是发展学生的科学思维，促进学生的认知能力发展，能够自主获取知识，运用科学的思维方式认识事物、解决问题和指导行为。当今，生物学发展迅猛，新理论、新知识在不断生成。学生在基础教育阶段需要学习海量、繁杂的知识，如何在有限的学习时间内掌握众多的概念、原理，这就需要学生运用科学思维获取新知识，厘清知识的逻辑体系，建构知识体系。从学生发展的角度分析，科学思维可以帮助学生成为独立的学习者，并能主动找到所研究问题的答案。尽管无法预测学生将来会面临什么样的生活和挑战，但是具有科学思维能力的学生能够获得知识并解决科学和社会问题，学生在生物学课堂上获得的科学思维还有助于提高他们在其他学科领域的认知能力，也可以应用于日常生活的许多方面，以改善学习和生活质量。

科学思维是科学探究的基础，也是科学探究的重要组成部分，需要在科学探究中得到磨砺。由此，科学思维的培养还可以融入科学探究活动中，让学生感受科学家的思维过程、领悟批判质疑精神，让学生通过分析科学家的实验、亲身参与探究活动，提升获取证据、逻辑推理等方面的能力，使科学思维成为帮助学生获取新知识、解决新问题的思维范式，从而促进学生认知能力的发展。同时，在"社会责任"的"担当、能力"中，科学思维自然也是不可或缺的。

三、科学探究是探索生命世界奥秘的重要方式

人类与生俱来强烈的好奇心和探究欲，使人们在面对未知世界时，更希望能够通过自己的探索发现问题、解决问题，这是自然科学产生和发展的原动力。而青少年对周围世界的观察、好奇、探索尤为强烈，如果转化为科学探究能力，可以帮助学生获取新的知识，并利用已有知识去解释更复杂多变的新问

[①] 杨铭，刘恩山. 在生物学课堂中培养学生理性思维［J］. 生物学通报，2017，52（8）：12-15.

题，甚至在未来生活中帮助学生解决现实生活中的问题。朱正威先生说："无论哪一层次的能力的培养，最重要的是设置问题，引导学生去分析问题，解决问题"。科学探究核心素养的内涵应当包括提出问题、资料搜集、做出假设、实验设计与分析数据并解释探究过程。学生参与科学探究的过程，也就是科学探究能力养成的过程。

科学探究作为生物学学科核心素养的重要组成要素，是学生体验、领悟科学活动的重要途径。科学探究能让学生体验探究的过程和方法，用观察、分类、测量、记录、分析、预测、推理、交流等方法解决问题，锻炼学生的动口、动手、动脑能力，并帮助学生建构生物学知识体系。学生通过学习科学探究的一般过程及方法，逐步掌握科学探究的一般范式和思维过程，并将科学探究内化为自觉的学习行为，在面临新问题时，就会自觉运用科学探究的方式去思考问题、解决问题。所以，科学探究对于学生认识生命世界、体验领悟科学具有十分重要的作用。

科学探究也是一种学习方式，它涉及探索自然或物质世界的过程，在寻求新理解的过程中，它促使人们提出问题，获得证据并对这些证据进行严格的检验。科学教育中的科学探究应尽可能反映科学研究工作的真实情况。[①]作为学习方式的科学探究，是学生以类似科学家工作的方式进行学习，以获取知识、建构概念，领悟科学的思想观念，学会科学家研究自然界所用的方法，也称之为探究性学习。探究性学习要力图反映科学研究工作的真实情况，通过模拟科学家科学研究的过程，使学生从过去"看科学、听科学"的被动学习方式，转变为"做"科学、亲身实践、手脑并用、主动参与的学习方式。要让学生亲历科学发现的过程，参与实践和问题解决，通过自己的思维活动和实践活动来获取知识，并在增进对科学理解的同时，体验科学探究的艰辛和乐趣，寻求科学发展的轨迹；在学习科学知识的同时，掌握科学的研究方法、形成科学的思维方式和正确的科学态度。所以，科学探究是学生主动学习的重要方式，组织以

---

① 杨铭，刘恩山. 生物学核心素养视角下的科学探究 [J]. 生物学通报，2017，52（9）：11-14.

探究为特点的主动学习是落实生物学学科核心素养的关键。①教师应该给学生创设有效的探究性学习情境，提供多种形式的课程素材，使教师和学生都能以积极主动的学习者的态度共同参与，尤其是学生要亲自动手做而不是看着别人做，这是开展探究性学习的核心。

科学探究还是促进学生参与实践的有效方式。在生物学课堂上安排适当的科学探究，可让学生很好地经历科学家的实践，包括确定变量，观察现象，设计实验，观察方案，收集数据方案，建构工具，参与实地调查等多种过程，让学生亲身体验科学家是如何探究世界的。当今科学教育广泛使用"科学实践"的术语，其内涵完全包容了科学探究的内容，并加入了工程学实践的要素。②由此，在生物学课程中充分运用探究式教学活动，比如针对知识建构的探究实验、综合性或跨学科的实践活动、走进大自然与博物馆等场所开展观察和调查活动、运用科学知识制作特定的产品等，倡导以问题和任务为学习导向，充分发挥学生的主体作用，强化以实践活动为载体，指向科学探究能力的培养。通过学习方式的变革，学生由原本的被动接受式学习转变为主动探究式学习。

四、社会责任是落实学科立德树人的重要体现

社会责任是学生生物学学科核心素养的重要组成要素，也是中国学生发展核心素养的要点之一。人不仅是一个独立的个体，还与其他人有着这样或者那样的关系，与生存的环境有着密切的联系，人既是自然人，又是社会人。作为社会人，需要承担一定的责任。在生物学课程中建立和提升学生与生物学有关的社会责任，是发展生物学学科核心素养的重要方面，是立德树人在生物学学科教育中的重要体现。③

社会责任是基于对生物学的认识，参与个人与社会事务的讨论，做出理性解释和判断，尝试解决生产生活中的生物学问题的担当和能力。社会责任的主

① 中华人民共和国教育部.普通高中生物学课程标准（2017年版2020年修订）［S］.北京：人民教育出版社，2020：57.
② 杨铭，刘恩山.生物学核心素养视角下的科学探究［J］.生物学通报，2017，52（9）：11-14.
③ 吴成军.生物学学科核心素养的教学与评价［M］.上海：华东师范大学出版社，2020：58-59.

要表现是：关注涉及生物学的社会议题，参与讨论并做出理性解释，辨别迷信和伪科学；主动向他人宣传健康生活、关爱生命和保护环境等相关知识；结合本地资源开展科学实践，尝试解决现实生活中的生物学相关问题。社会责任强调生物学教学应当积极帮助学生参与社会服务，例如，引导学生结合生物学知识的学习，分析全球气候变化的原因及影响因素，探讨气候变化对自然和人类的影响，寻求保护环境的措施，从而增强学生的参与感和主人翁意识，使之建立起以人类生存与发展为中心，与自然和谐相处的正确价值观。

高中学段作为青年身心发展的重要阶段，教育者需紧抓这一黄金时期，把握爱国主义教育实施的关键节点，引领学生形成正确、牢固的世界观、人生观及价值观。[①]生物学课程蕴含着丰富的有关家国天下的教育素材，能够充分体现我国在生物科学方面的快速发展，以及为人类社会做出的贡献。因此，社会责任感的教育应当包含植根于乡土的家国情怀等爱国主义教育，通过展示我国在生物科学领域的发展史及现代生物技术应用等方面的突出成就，能潜移默化地影响学生，帮助学生建立民族自信、文化自信，树立热爱祖国、建设祖国的坚定信念，落实生物学课程"立德树人"的根本宗旨。

在生物学教学中融入健康教育，让学生获得健康生活的基本知识和理念、掌握健康生活的基本技能、践行健康生活方式，培养学生健康生活的意识，是落实学科育人价值的重要途径。[②]生物学课程能够引导学生认识到生物学课程学习对身体健康的重要性，养成健康文明的生活习惯，形成敬畏生命的观念；学会关爱他人健康和生命并能指导他人健康生活。例如，在"组成细胞的分子"单元中，教师可充分挖掘教材内容（见表1-2），在教学中向学生渗透健康生活的方式。

---

① 王景花，解凯彬. 高中生物学教学中社会责任素养的培养途径［J］. 生物学教学，2018，43（4）：19-20.

② 中华人民共和国教育部. 普通高中生物学课程标准（2017年版2020年修订）［S］. 北京：人民教育出版社，2020：5.

表1-2 "组成细胞的分子"单元中部分健康生活素材

章节	内容	素材分析
第2章第1节 细胞中的元素和化合物	"组成细胞的化合物"日常膳食合理搭配以满足机体营养需要，检测不同生物组织中的营养物质	通过案例创设问题情境，促使学生思考不同物质中营养物质的检测方法，为后续学习作铺垫。同时引导学生认识到膳食搭配、健康饮食的重要性，形成科学的饮食认知，消除在青春期时易出现的暴饮暴食或厌食的错误意识，形成健康文明的生活方式
第2章第2节 细胞中的无机物	"问题探讨"运动员饮料的化学成分表	通过案例使学生科学认识无机盐的作用，科学看待功能性饮料等食品。教师可准备部分食品包装，引导学生关注包装袋上的成分表，关注食品安全问题，形成对食品添加剂的科学认知，并成为健康生活的实践者与推行者
第2章第3节 细胞中的糖类和脂质	"与社会的联系"《中国居民膳食指南》的控糖建议	借助官方科学的建议，引导学生科学认识糖的摄入量，关注肥胖、糖尿病、高血压等疾病，形成健康文明的生活理念

与环境、与其他生物和谐友善的生活，保护生态环境，维持生态平衡是生命观念的重要组成部分，也是当今中学生社会责任的重要体现。每个人的生命都是平等的，大自然中所有物种的生命也是平等的，从生命平等的角度来看，人类应该与自然和谐相处，保护生物的多样性。从现实情况来看，人类在发展过程中给环境造成危害，使自然环境遭受到破坏，部分物种失去生存的家园，濒临灭绝。学生在学习生物学知识的基础上，可以深入现实生活中调查群众对地球保护日、植树节等节日的认知，通过问卷调查了解人们对生命平等观念的理解和看法，逐步树立热爱生命、关爱生命的理念，能够从自身做起，保护自然环境并维持生态平衡。最终，学生能以自然、平等、尊重、友好、和善的态度，积极主动参与环境保护工作。

生命观念是发展其他生物学学科核心素养的基础，居于中心位置。生命观念的形成需要以思维为工具、以探究为途径。科学思维作为生物学学科核心素养中"能力"因素的关键组成部分，是建立生命观念的工具，也是科学探究和社会责任中"能力"与"担当"的基础。通过科学探究可以建构生物学概念、形成生命观念、提高科学思维能力，并能运用于履行社会责任中，充分体现生物学作为科学课程的特征。社会责任是个人在社会生活中品格、能力的体现，集中反映个人的综合素养水平，社会责任的实现需要其他三个要素的支撑。由此可见，生物学学科核心素养的四个组成要素是立体关联的整体，[①]生物学学科核心素养的四个组成要素之间密切相关、相互支撑，构成一个整体，都指向人的发展，是立体的、融通的，共同体现生物学课程的育人价值。

---

① 谭永平. 生物学学科核心素养：内涵、外延与整体性［J］. 课程·教材·教法，2018，38（8）：86-91.

第二章

深度学习及其策略

　　深度学习也被译为深层学习，作为一种特定学习概念的表达由来已久。1976年，马顿和萨尔约根据学习者获取和加工信息的方式，明确提出了表层学习和深度学习的概念，这是教育学领域首次明确提出深度学习的概念。2006年，辛顿和萨拉赫丁诺夫针对机器学习的研究，提出深度学习的概念，开启深度学习的研究热潮，进一步推动了深度学习在教育中的研究与应用。

第一节　深度学习的概述

人工智能领域与教育学领域有关"深度学习"的概念，是有本质差异的。人工智能领域的深度学习，是基于人工神经网络的机器学习技术，指向模拟人脑和认知结构的计算机算法思维和问题解决模型，通过研究机器学习如何模仿人的学习，以提升人工智能的水平；教育领域对深度学习的研究，深入探索人的学习本质和学习规律，实现更深入、更有效的学习，以满足时代发展对教育的要求。

一、深度学习的定义

2005年，我国学者黎加厚教授首先在国内引进国外关于深度学习的研究成果，并提出"深度学习"的概念：是指在理解的基础上，学习者能够批判性地学习新的思想和事实，并将它们融入原有的认知结构中，能够在众多思想间进行联系，并能够将已有的知识迁移到新的情境中，做出决策和解决问题的学习。[①]

从2013年起，我国兴起深度学习研究的热潮，许多学者对深度学习的意涵进行了阐释。郭华教授提出：所谓深度学习，就是指在教师引领下，学生围绕着具有挑战性的学习主题，全身心积极参与、体验成功、获得发展的有意义的学习过程。在这个过程中，学生掌握学科的核心知识，理解学习的过程，把握学科的本质及思想方法，形成积极的内在学习动机、高级的社会性情感、积极的态度、正确的价值观，成为既具独立性、批判性、创造性又有合作精神、基

---

① 张浩，吴秀娟. 深度学习的内涵及认知理论基础探析［J］. 中国电化教育，2012，309（10）：7-11.

础扎实的优秀学习者，成为未来社会历史实践的主人。①安富海教授认为，深度学习是指学习者以高阶思维的发展和实际问题的解决为目标，以整合的知识为内容，积极主动地、批判性地学习新的知识和思想，并将它们融入原有的认知结构中，且能将已有的知识迁移到新的情境中的一种学习。②吴永军教授认为：深度学习是在特定的社会文化情境中，学习者与他人及环境互动中，关注知识之间的有机联系，最终能够迁移并能够解决实际问题的意义生成过程。③张浩教授的定义：深度学习是学习者根据自己的学习兴趣和需求，在理解的基础上主动地、批判性地学习新思想和知识，运用多样化的学习策略来深度加工知识信息，建立多学科知识、多渠道信息、新旧知识信息等之间的联系，建构个人知识体系并有效迁移应用到真实情境中来解决复杂问题的学习。④郑东辉教授指出：中小学生的深度学习是学生运用各种高阶思维去解决挑战性的学习任务，经历有意义的学习过程，进而掌握学科核心知识及其思维方式，建构具有迁移意义的知识图谱，发展具有批判性与创造性的学习品质。⑤顾小清等认为，学科教学领域的深度学习是一种学习方式，目的是建构有意义的学习，在记忆的基础上理解、归纳、掌握、运用，结合原有认知结构，批判性地接收和学习新知识，建立知识间的相互联系，通过分析，做出科学决策和解决问题的学习。⑥

　　我国学者对深度学习含义的界定，都强调了：①深度学习是有意义的学习过程，学习目标、学习内容、学习方法等都是有教育意义的，需要学生全身心的投入，实现核心素养的全面发展，体现出"深度参与、深度发展"；②完成

① 郭华.深度学习及其意义［J］.课程·教材·教法，2016，36（11）：25–32.

② 安富海.促进深度学习的课堂教学策略研究［J］.课程·教材·教法，2014，34（11）：
　　57–62.

③ 吴永军.关于深度学习的再认识［J］.课程·教材·教法，2019，39（2）：51–58.

④ 张浩，吴秀娟，王静.深度学习的目标与评价体系构建［J］.中国电化教育，2014，330
　　（7）：51–55.

⑤ 郑东辉.促进深度学习的课堂评价：内涵与路径［J］.课程·教材·教法，2019，39
　　（2）：59–65.

⑥ 顾小清，冯园园，胡思畅.超越碎片化学习：语义图示与深度学习［J］.中国电化教育，
　　2015，338（3）：39–48.

具有挑战性的学习任务或学习主题，即学习的内容具有挑战性，能够激发学生兴趣、引导学生主动参与学习活动，并给学生提供思考、分析、解决复杂问题的动力；③发展高阶思维，即深度学习的思维过程复杂、深刻，深度学习有助于促进学生高阶思维能力的发展，发展高阶思维能力又有助于实现深度学习。

二、深度学习的意涵

深度学习是针对浅层学习而提出的，二者在学习目标、学习状态、学习内容、学习动机、思维层次、迁移能力及建构反思等方面存在显著差异（见表2-1）[①]。

表2-1　深度学习与浅层学习的比较

项目	深度学习	浅层学习
学习目标	关注解决复杂问题所需要的核心知识和学生高阶思维能力的发展	关注解决浅显问题所需的基本知识和技能，通常获得低阶思维能力
学习状态	主动加工、深度理解及长期保存；知识建构、迁移应用及问题解决	被动接受、简单重复和机械记忆
学习内容	以与新知识联系的、与学生经验融合的复杂问题为主线	单学科的、零散的、简单的、孤立的、不相关的事实或概念，浅显的问题
学习动机	内在的、满足求知乐趣的需求	适应非自身需求的外在压力
思维层次	高水平思维（创新能力、问题求解能力、决策能力和批判性思维能力）	低水平思维（知道、记忆、背诵等）
迁移能力	灵活运用所学知识和能力，将其迁移到实践中，解决实际问题	只限于机械解决问题，不能综合、灵活运用所学知识
建构反思	逐步加深理解、批判性思维，自我反思（元认知）	学习过程中缺少反思

从深度学习与浅层学习的对比可以看出，深度学习的"深度"主要体现在以下几个方面。

---

① 吴举宏. 促进深度学习的中学生物学教学策略［J］. 生物学教学，2017，42（10）：18-20.

1."深"在学生学习的参与度

浅层学习以达成阶段性学业成绩为目的，为了短期的学习目标而消极、被动地接受知识，缺乏持久的学习动机。

而深度学习是主动性的学习，倡导积极的终身学习，强调学习活动是学生感知觉、思维、情感、意志、价值观的全面参与和全身心投入的活动。因此，深度学习的学习动机来源于自我发展的需求，需要学生的情感投入和深度参与，具有强烈的学习意愿、执着的学习信念、坚韧不拔的学习毅力、克服困难的勇气和决心，其学习动机是持久的、稳定的。因此，深度学习是一种自我效能感强、有价值的学习，其发生的内在机制需要学生的身心投入、主动参与，表现出较强的学习兴趣、积极主动的学习态度、持久的学习行为。

2."深"在知识内容的整合度

一般来说，浅层学习将知识看成独立的单位，往往聚焦具体的现象、事实、基本概念等浅层知识，关注零散的、孤立的、简单的、当下所学的知识，属于较低水平的认知，很难实现对知识的深刻理解和长期保持。

深度学习是理解性、体系化的学习，把"理解"作为深度学习最重要的标志，注重知识学习的批判性理解，关注学习过程的建构反思。因此，深度学习强调学习内容的有机整合，即在现有知识的基础上，对获取的新信息进行整合，建构新的知识体系，并将新概念整合到已有的概念体系中，达成知识的结构化。这样，学生能够把握知识之间的有机联系，达成知识的深刻理解，能够使知识长久保存，并运用于实际问题的解决。

3."深"在思维活动的复杂度

浅层学习是以机械记忆和简单描述为主的学习，通常采取事实记忆的方式学习新知识，试图通过大量的题海训练得"解题"技巧，以模仿解题方法代替知识的理解。所以，浅层学习的认知水平停留在较低的"记忆、理解"层次，所涉及的是机械记忆、简单复述、浅层理解等低阶思维活动。

深度学习的学习主题是具有挑战性的人类已有的认识成果，要求学生进行学习内容的深层次加工、知识的主动建构，建立知识之间的有机联系和意义联接，从而真正理解知识的本质属性。深度学习在深度理解的基础上，还强调对知识的迁移应用，有效解决真实问题。由于深度学习不仅包括学生对知识的理解与掌握，还要面对复杂的任务或挑战性的主题，需要学生深层加工和处理相关信息，对知识的应用与创新，其认知水平处于较高的"应用、分析、评价、创造"层次，思维活动的复杂程度和水平高于浅层学习，属于高阶思维活动。所以，深度学习是发展高阶思维的学习。

4."深"在教与学的互动融合

浅层学习局限于知识的被动接受，课堂学习过程往往是教师对知识信息的单向输出；同时，学生一旦以机械记忆的方式习得知识后，就很难自然开展知识的深化理解，导致建构的知识是浅层的，甚至是错误的，而学生自己常常无法发现。因此，课堂上学生的深度学习必然是在教师的教学活动引导下实现的，离开教师的充分、有深度的引导，学生的学习只能是自学。

深度学习是在教师引导下学生的学习。只有在教师主导作用充分发挥的情况下，学生作为主体的主动学习才能真正发生。[①]因此，在深度学习中，学生是学习的主体，教师是引导者而非学生学习的替代者。学生深度学习的发生，有赖于教师的引导，需要教师精心设计教学情境，激发学生在情感态度、学习行为和思维活动上都参与到课堂教与学的活动中，成为积极、主动的学习过程。这需要教师提供相应的学习活动以促进深度学习的开展，引导学生去思考和体会教学材料中所蕴含的复杂而丰富的思想和情感内容，启发学生在学习过程中质疑、批判、深入思考。在不断引发学生深度学习的过程中，教师也得到了持续的发展，真正实现"教学相长"。

深度学习让教师与学生、学生与课程、知识学习与能力培养、知识学习与品格养成等有机地融为一体。所以，深度学习是师生共同经历的智慧之旅，是在师生互动中，通过相互之间的思维碰撞和情感交流，完成复杂的思维过程。没有教师的深度教学，就不可能有学生的深度学习，深度学习是教师的"教"与学生的"学"高度融合的互动过程。

总之，深度学习强调引导学生主动参与学习活动，亲身经历知识发现、发生、发展的过程，通过知识的自主建构来实现有意义的学习；通过师生的互动

过程，达成知识的深刻理解，并能迁移应用到实际生活中。

三、深度学习的特征

学生的学习活动要处理好学习目标、情境、活动、问题、评价等核心要素之间的关系。

学生要在学习活动中走向深度学习，应具备以下五个特征：通过联想与结构实现经验与知识的相互转化、通过活动与体验构建学生的学习机制、通过本质与变式实现对学习对象的深度加工、通过迁移与应用实现在教学活动中模拟社会实践、通过价值与评价去挖掘学生成长的隐性因素。

（一）联想与结构

"联想与结构"，是指学生学习方式的样态，也指这样的学习方式所处理的学习内容（学习对象）。作为学习方式的样态，"联想与结构"处理的是人类认识成果（知识）与学生个体经验的相互转化问题；作为学习方式所处理的学习内容，"联想与结构"是指学习内容不是孤立的，而是在结构中、在系统中的知识，是能够被唤醒、被调用的，是能够说明这些知识也能够被其他知识所说明的。[①]

"联想"关注、重视学生的个体经验，是唤醒或改造以往经验的活动。学生在学习新知识之前，往往是具有前概念的，这些前概念来自学生已有的书本知识，以及日常生活经验或以往所学知识的内化并在学生生活中得以实践的经验。这些知识、经验可能与现在进行的学习活动相融合，也有可能存在矛盾与冲突。在教学中，教师引导学生通过"联想"，唤醒前概念，搭建起前概念与学生学习之间沟通的桥梁，赋予经验特定的意义，使之融入新知识的学习中，成为新知识学习的根基，让新的知识从旧的经验中生长出来。将个人的经验与知识学习联系在一起，有助于学生对新知识的理解，能够促进学生通过思维活动将经验转化为知识。例如，学习"发酵"的概念时，教师可以引导学生总结生活中个人熟悉的发酵食品，再延伸出其他的发酵食品，在归纳发酵食品特征

---

① 刘月霞，郭华. 深度学习：走向核心素养（理论普及读本）［M］. 北京：教育科学出版社，2018：45-62.

的基础上，概括得出"发酵"的概念，使"发酵"的概念与具体的产品相联系，将科学概念赋予生活的意义。

"结构"是通过学习活动对经验和知识的整合与结构化，是将以往经验、知识融入现在的学习并实现结构化的过程。需要学生在学习过程中，将零散的、杂乱的知识按照其内部的逻辑进行加工处理，重点是把握新知识和旧知识之间的关系，乃至新知识与整个知识体系之间的关系，完成知识的逻辑化、结构化、体系化过程，从而建立具有逻辑关系的知识体系。例如，在建构"发酵"概念后，教师还需引导学生进一步梳理出发酵的类型、条件、产品等知识内容，将其纳入细胞呼吸的知识体系中，建立发酵与新陈代谢的内在联系。

以"联想""结构"的方式去学习学科的基本知识，是深度学习的重要特征。通过"联想与结构"，学生能够找到已有经验与新知识之间的内在联系，建立起新、旧知识之间的逻辑关系，进而建构知识的整体结构。"联想与结构"需要学生的高阶思维能力的共同参与，而高阶思维能力也在学习过程中得到发展与提升。

（二）活动与体验

"活动"是指以学生为主体的主动活动，而非生理活动或受他人支配的肢体活动，"体验"则是指学生在活动中生发的内心体验，实现"以心体之，以身验之"的目的。"活动与体验"是深度学习的核心特征，回答的是深度学习的运行机制问题。[①]

学生学习的生物学学科课程内容是以概念、原理、定律为主的理论知识，许多都是科学家通过观察、实验等方式获得的认识性成果。学生的学习过程不再需要经历前人的认识过程，如果只是直接把理论性知识"灌输"给学生，将成为机械记忆式的浅层学习。因此，深度学习需要学生以活动的方式，主动参与知识的建构，在活动中通过亲身体验来感知知识的发生、发展过程，在体验中通过科学思维领悟概念、原理的本质属性，最终实现知识的自主建构。例如，学生在认识"酶的本质"、建构"酶"的概念时，如果采取浅层学习的方

---

① 郭华. 深度学习及其意义 [J]. 课程·教材·教法，2016，36（11）：25–32.

式，能够通过机械记忆掌握"酶"的定义。但是，如果基于深度学习，可以采取实验探究结合资料分析的方式：学生通过实验探究酶的物质属性、酶的催化功能；再以资料分析的方式获取更多的生物学事实，支撑建构"酶"的概念。在教学中，以螺旋上升式的问题驱动学生自主参与学习活动，体验并获取有关"酶"的生物学事实，促使学生积极主动思维，自主建构概念，真正领悟概念的内涵，帮助学生达成对"酶"概念的理解。[①]

在学生深度学习的认知过程中，活动与体验是融为一体的。主动性的学习活动是学生深度学习的核心要素，包括概念的自主建构、师生之间的交流讨论，以及观察、实验、调查等多种形式的实践活动。学生积极主动的学习活动，必然引发内心体验；而在活动中生成的体验，使学生学习的知识更具有意义。学习过程需要以活动为载体，学生在活动中体验，使学生的思维能力得到提升、情感态度价值观得以升华，进而促进学生核心素养的养成。

（三）本质与变式

"本质"是指同类事物共同具有的该类事物本身所固有根本的属性，本质属性是事物内在的决定一类事物属于同类事物而不是其他类事物的特征。例如，生物学概念就是对生命现象、原理、规律的精确而本质的阐述，反映了生物及其生命活动过程中同类事物共同的关键特征。"变式"是指变换同类事物的非本质特征，从而突出事物的本质特征，或者是变换事物的本质特征以突出事物的非本质特征。

深度学习中的"本质与变式"，是指学生如何对学习内容进行深度加工，能够辨别本质属性与非本质属性之间的区别，从而领悟知识的本质属性、全面把握知识的内在联系，并能够由本质推出若干变式的过程。把握本质的过程，就是对学习内容进行深度加工，去除非本质属性的干扰、分辨本质属性与非本质属性的过程；把握了事物的本质，才能认识本质的多样表现、各种变化，这是结构知识的前提。把握事物的本质，要求学生具备深刻而灵活的思维品质，而对学习对象进行深度加工、把握事物本质的过程能够发展学生的优秀思维品

---

① 赵广宇，汪绍鑫，徐杰，等. "酶的作用和本质"概念教学的组织［J］. 生物学通报，
　2019，54（10）：13-15.

质。①运用变式是学生认识表象的必要条件，通过"变式"，可以使学生从不同的认知视角，认识科学概念、原理的内涵与外延，领悟蕴藏在事物表象中的本质要素，认识事物的本质与非本质的属性、主要与次要的要素，从而掌握事物的本质和规律；同时，通过对象非本质特征的表现形式，让学生在变式中运用不同的思维方法，深刻认识事物的本质和规律，也能发展学生的分析、归纳、概括等思维能力。

引发学生的深度学习，需要教师运用"本质与变式"规律，在教学中应经常变换所用具体材料的样式，除提供学习内容的正例之外，尽可能设计和提供丰富而又具有典型意义的特例甚至反例，启发学生学会在各种不同的变式中掌握事物的本质属性，一步一步从非本质属性中把本质属性揭露出来。例如，建构"单倍体"的概念，教师以二倍体的生物为正例，通过单倍体的形成来建立单倍体的概念。当然，这样容易导致学生产生误解：单倍体即是一倍体（含有一个染色体组）。所以，教师还需要以四倍体、六倍体、八倍体等为例，说明单倍体的形成过程及结果，归纳得出二倍体、四倍体、六倍体、八倍体分别产生单倍体的共同之处，从而得出"单倍体"概念的本质属性。

学生在深度学习过程中，通过对学习对象进行深度加工，能够把握事物的本质，在各种不同的变式中，深入认识本质属性与非本质属性的区别，加强知识之间的内在联系，为实现知识的"迁移与应用"奠定基础。

（四）迁移与应用

"迁移"是指学生已经获得的知识、技能、思维方法等，对在新情境中学习新知识、新技能的影响。迁移包括两种类型，一是对学习新知识、新技能产生积极影响的，称为正迁移（简称迁移）；二是对学习新知识、新技能产生消极影响的，称为负迁移或干扰。由于已有知识总是或多或少地对学习新知识产生影响，所以，有学习就会有迁移。迁移能够使已有的知识和技能逐步结构化、系统化，并不断向能力转化。

"应用"是指将某种理论、方法或工具付诸到某一实践领域使用，以解决

---

① 郭华.深度学习及其意义［J］.课程·教材·教法，2016，36（11）：25-32.

实际问题或提高工作效率的过程。"应用"聚焦提高学习或生产效率，注重于解决现实问题，强调解决实际问题的能力。

"迁移与应用"是间接经验直接化的过程，是学生将所学知识转化为综合实践能力的过程。"迁移"是经验的扩展与提升，"应用"是将内化的知识外显化、操作化的过程，也是将间接经验直接化、将符号转为实体、从抽象到具体的过程，是知识活化的标志，也是学生学习成果的体现。所以，"迁移"是学习发生的重要指标，"应用"则是迁移的重要表征之一，也是检验学习成果的最佳途径。学生对学科本质的理解是完成"迁移和应用"的基础，综合能力、创新意识是实现"迁移和应用"的前提条件。因此，"迁移与应用"需要学生具有综合的能力、创新的意识，同时，"迁移与应用"也正是有目的地培养学生综合能力、创新意识的活动[1]，并引导学生尝试解决现实问题，为进入社会做好准备。例如，高中学生在学习"发酵工程利用微生物的特定功能规模化生产对人类有用的产品"的知识时，已经具备自制酸奶、泡菜等传统发酵食品的知识和技能，以此为基础，学习"微生物的实验室培养"等相关微生物的理论知识，以及微生物的实验室培养技术等内容，完成由"实践→理论→实践"的迁移过程。然后，再应用相关的知识和技术制作符合食用标准的、具有特色的果酒、果醋、腐乳等新的发酵食品，实现知识的迁移与应用。

（五）价值与评价

"（教学）价值"是指教学活动（客体）满足社会和个人（主体）需要的程度。因此，教学价值就是体现在教学过程中，以各种形式的教学活动满足教育主体的达成程度，或者从教学活动中所获得的利益。

"（教学）评价"是依据教学目标，按照科学的标准，对教学活动的方式、教学过程、教学结果进行测量，并给予价值判断，从而不断自我完善和为教学决策提供依据的过程。教学评价包括：①学生评价，对学生学业成就的评价；②教师评价，对教师教学工作的评价。评价是价值判断的活动，教学评价就是对教学活动满足教育主体需要的程度做出判断的活动，即是对教学活动现

---

① 刘月霞，郭华. 深度学习：走向核心素养（理论普及读本）［M］. 北京：教育科学出版社，2018：60.

实的（已经取得的）或潜在的（还未取得，但可能取得的）价值做出判断，以期达到教育价值增值的过程。所以，教学评价是以一定教育目标或一定教育价值观为依据，以对评价对象的功能、状态和效果进行价值判断为核心，以科学的评价方法、技术为手段，以改进教与学方法、完善教与学的行为，提高教学质量为最终目的。

培养学生对所学知识及学习过程本身做出价值评判的意识和能力，可使学生自觉思考所学知识在知识系统中的地位与作用、优势与不足、用途与局限，并对所学知识及学习过程主动进行质疑、批判与评价。[①]

"价值与评价"回答的是教学的终极目的与意义的问题。教学是培养人的社会活动，是为了人的发展而服务的。因此，教学要以人的成长为宗旨，其立足点和归宿是培养人，即丰富人的知识和技能、拓展人的能力、提升人的品格。因此，教学的核心价值是追求和促进学生的身心发展。深度学习强调有意义学习，学习目标指向学生的核心素养发展。深度学习，能够帮助学生形成正确的价值观、形成有助于学生自觉发展的核心素养，引导学生能够有根据地评判所遇见的人、事与活动。

例如，在深度学习中，"基因工程赋予生物新的遗传特性"，不单纯是有关遗传学知识及其应用的学习，还涉及生物技术对人类社会生活的影响。这需要学生在学习过程中，建立起知识之间、知识与生活之间的意义关联，能够对"转基因食品是否安全"做出判断，并依据科学理论给出科学、合理的解释。这样，让学生体验知识的价值，促进学生参与社会议题的讨论并做出理性解释与评价，树立质疑、反思精神，洞察生物学课程之美。

四、深度学习的意义

深度学习作为一种主动性、理解性、探究性的学习方式，其价值不仅在于克服浅层学习的弊端，更重要的是使教师、学生在教与学的活动中获得最大发展，使学生能够形成有助于未来可持续发展的核心素养。

---

① 郭华. 深度学习及其意义［J］. 课程·教材·教法，2016，36（11）：25-32.

（一）学习目标指向核心素养的发展

学生在学校学习的最终目的并不仅仅是掌握已有的知识，而是逐步形成适应个人终身发展和社会发展需要的必备品格与关键能力，成为有能力、有担当、有责任感的社会成员，为将来进入社会奠定坚实基础。而深度学习关注学生认知结构的完善、关键能力的发展、复杂情感的体验，是学生形成核心素养的重要途径。

深度学习以发展学生核心素养为根本追求，目标指向人的全面发展。深度学习的过程，不仅是学习知识，更是以知识的学习为载体，引导学生了解并认同知识背后所蕴含的情感态度价值观，提升学生的文化水平与精神境界。学生通过学习形成正确的价值观和高尚的精神境界、勇于担当的社会责任感、积极的生活态度、健康的身心，具备适应和引领现代社会发展的社会性品格和关键能力，成为既有益于自己又有益于社会的人。

（二）学习内容聚焦知识的意义建构

深度学习是理解性学习，是基于学习情境的有意义学习。深度学习不是把知识灌输给学生，而是由教师引领学生进入知识发现、发展的情境与过程，引导、帮助学生成为知识发现的参与者，能够主动参与知识发现、发展的过程。

深度学习需要对知识进行整合和深层次的信息加工，着眼于学科的基本思想和方法，挖掘教学内容应有的文化价值和教育价值，向学生提供具有典型意义的例证和学习材料，帮助学生运用自主、合作、探究的学习方式，通过思辨、推理、论证、应用等更有难度、更加复杂和更具综合性的学习过程，全身心地去理解、领会、评判、体验、感受隐藏在知识背后的学科思想等内容，以获取学习内容中的意义；在主动加工知识的基础上，将新知识融入原有的认知结构中，达成对知识内容的结构化，全面把握知识的内在联系，从而能够掌握知识的（文字）符号表达以及（文字）符号表述的逻辑，理解文字符号所传达的内容与意义，实现知识的有意义自主建构。

因此，深度学习不是知识的机械记忆，而是学生从符号表达的知识学习走向把握事物本质和深层意义的学习，是深入知识内核的学习。学生通过知识的意义建构，批判性地学习新知识，通过自己的思维方式看待和理解问题，把握事物的本质，经过高水平思维过程达成知识的更深层次理解。在理解中积累和沉淀知识，能够站在更高的角度看待新问题，产生新的理解视角，获得新的感悟，使知识体系在学习过程中不断补充、延伸和完善，并能实现有效的知识迁移，将已经理解的知识应用于生活实践中，解决现实情境中的具体问题，从而体悟学习的意义，实现自身的成长发展。

（三）学习结果面向实际问题的解决

深度学习的学习内容不是静态的、客观的、依靠记忆就可掌握的书本知识，面临的问题也不是具有唯一解决方案的良构问题。学生学习的是"活"起来、"动"起来的有意义的学科知识，面对的是非良构问题。如果先以知识为主线学习理论知识，然后再迁移应用，这种"学用分离"的浅层学习方式很难解决非良构问题。

深度学习是将学生学习新知识的过程与解决问题的过程有机结合在一起，将书本知识设计成有待解决的实际问题，引导学生从"解题"向"解决问题"转变。面对具有挑战性的学习主题和非良构问题，深度学习强调为学生创设适当的具有真实情境的活动，引导学生以问题探究为主，在教师指导下主动参与学习过程，综合运用高阶思维，深层加工相关信息，建构新的知识网络，通过学习达到理解、迁移及发展批判性思维与创造性思维的目的。在此基础上，引导学生在探索生活实例的过程中发现问题，为学生提供解决真实问题的机会，帮助学生在原有的认知结构中找到解决方案，促进知识的实践转化和综合应用，使学生能够将已有的知识迁移到新的实际情境中，运用所学知识解决不同情境下的相关问题，实现学习成果的迁移与应用。

总之，深度学习不仅"深"在教学系统结构中，还"深"在教与学的活动过程中。深度学习是主动性的、理解性的、探究性的、更接近知识本质和智慧内核的学习方式，是以高阶思维为主导的学习过程。倡导深度学习，是自觉回应知识经济、终身教育、优质教育理念对教育发展要求的结果。因此，深度学习不仅要"深"下去，还要"远"开来，不仅要实现当前的教学目标，让学生掌握知识，形成技能，发展能力，提升思想水平、精神境界，更要培养能够进入未来社会历史实践的主体。

第二节　深度学习的理论基础

深度学习作为学习研究的重要内容，其产生与发展是建立在多种学习理论基础之上的。尤其是建构主义理论、教育目标分类理论、情境认知理论、元认知理论等，这些理论与深度学习有密切联系，对研究和实施深度学习有重要指导意义。

一、建构主义理论

自20世纪80年代以来，建构主义作为一种新的认识论和学习理论在教育研究领域产生了深刻的影响。建构主义理论关注知识的发生与获取，主张引导学习者积极主动地进行知识的"意义建构"。随着建构主义理论的广泛传播与应用，以学为中心的学习模式受到欢迎，对深度学习的研究与发展有着极为重要的价值。

（一）建构主义理论的基本观点

1. 知识观

建构主义理论认为，知识是动态的、发展的，认识是一个主动解释并建构个体知识表征的过程，人类的知识将随着社会的发展和科学技术的进步而不断革新。

（1）知识是人们对客观世界的一种解释、假设或假说，而不是对现实世界纯粹客观的反映，也不是问题的最终答案。所以，知识必将随着人们认识程度的深入而不断地变革、升华和改写，并出现新的解释和假设，不存在一种绝对客观的知识表征形式。

（2）知识并不能绝对准确无误地概括世界的法则，任何一种传载知识的符号系统也不是绝对正确的表征。知识不能提供对任何活动或问题解决都实用的方法，在具体的问题解决中，需要针对具体问题的情境对原有知识进行再加工和再创造。

（3）尽管通过语言赋予了知识一定的外在形式，并且获得了较为普遍的认同，但知识无法以实体的形式独立存在于人体之外，知识的意义来自新旧知识之间的相互作用。

2. 学习观

建构主义理论的学习观强调，知识是学习者主动建构的，是在主客体相互作用的活动之中建构起来的，且建构来源于情境中的活动。

（1）学习不是简单的单向知识转移过程，不是由教师把知识简单地传递给学生。学习是由学习者自己建构知识的过程，是通过学习共同体之间的合作互动完成的，是交互和实践的产物。学习者自我建构知识的过程是无法由他人来代替的。

（2）学习者不是简单被动地接收信息，而是主动地建构知识的意义。学习者对知识的理解，是由学习者自身基于自己的经验背景而建构起来的，取决于特定情况下的学习活动过程。要把学习者原有的知识经验作为新知识的生长点，引导学习者从原有的知识经验中，生长新的知识经验，把新知识纳入已有的知识结构之中。

（3）外部信息本身没有什么意义，意义是学习者通过新旧知识经验间反复的、双向的相互作用过程而建构形成的。个体对事物的理解取决于原有的经验背景，学习者会根据自己的经验背景，对外部信息进行主动的选择、加工和处理，从而获得自己的意义，建构自己的理解。

3. 学生观

建构主义理论更加关注学习者如何以原有的经验、心理结构和信念为基础来建构知识，更加强调学习的主观性、社会性和情境性。

（1）学习者在日常生活和以往各种形式的学习中，已经形成了有关的知识经验。因此，在学习之前，学习者就已经储备了一定的经验和认知能力。原有认知结构和信念对他们建构新知识有特别重要的作用，新的知识经验正是在原有知识经验的基础上生长出来的。

（2）学习者以自己的方式建构对事物的理解，导致不同的人看到的是事物的不同方面，他们对任何事情都有自己的看法。即使是有些问题他们从来没有接触过，没有现成的经验可以借鉴，但是当问题呈现在他们面前时，他们还是会基于以往的经验，依靠他们的认知能力，形成对问题的解释，提出他们的假设。

（3）教师是学生学习过程的合作者、引导者、帮助者，要给学生创设真实的学习情境，组织并引导学生开展学习，使学生的学习活动走向自主、意义建构的方向。教师与学生、学生与学生之间还需要共同针对某些问题进行探索，并在探索过程中相互交流和质疑，了解彼此的想法。教师只是知识的呈现者，不是知识权威的象征，而应该重视学生自己对各种现象的理解，倾听他们的想法，思考他们这些想法的由来，并以此为据，引导学生丰富或调整自己的解释。

（二）建构主义理论视域下深度学习的内涵与特征

从学者们对深度学习的研究来看，共同之处都是将建构主义理论作为深度学习的理论基础之一。

1. 深度学习是学生自主参与的学习

建构主义理论强调学习过程是学生从自身出发，通过分析、解决问题，逐步在脑海中建构起优化的知识体系。教师在学习过程中扮演的不是传递者的角色，而是引导者的角色，要充分尊重学生的主体地位，并引导学生积极主动地思考。

深度学习是学生全身心积极参与、体验成功、获得发展的有意义的学习过程，学习本身就是个体成长的过程。学生深度学习的动机来源于自己的内心，只有个人在学习过程中积极主动地进行情感投入和深度参与，表现出对学习具有强烈的兴趣，在拥有高度的自我效能感、坚信通过自己努力一定能够学好的前提下，深度学习才能得以实现。所以，深度学习是学习者高度自主参与的学习。

2. 深度学习是发展高阶思维的学习

学科核心素养的发展与思维发展密切相关，让学生学会高阶思维是深度学习的核心目标之一，发展高阶思维能力成为深度学习的重要特征。高阶思维本质上是思维的高水平活动，需要学生在掌握基础知识和基本技能的基础上认识问题，还要能运用批判性思维、创造性思维去解决各种复杂问题。建构主义理论主张的有意义建构，指导深度学习在促进学生有效建构知识、解决问题的过程中，充分运用分析、综合、评价、创造等多种高阶思维形式。

3. 深度学习是注重迁移应用的学习

深度学习重视知识的迁移与应用，期待学生通过学习能够将一种情境中习得的知识和方法迁移到另一情境中去解决问题。一是把学科知识用于解决现实生活和生产中的一些问题，促进学科关键能力的发展；二是突破学科之间的界限，以跨学科的方式解决综合性问题，从而体现以发展学科核心素养为导向的综合育人的价值。

（三）基于建构主义理论的深度学习

1. 深度学习指向问题解决

深度学习的出发点是指向问题解决、寻找知识内容的意义，要求学生在真实的问题情境中，采用高阶思维处理复杂的问题。因此，问题解决导向下的深度学习，能够促进学生建构学科知识，并将所学知识内化到已有的知识结构中，真正理解学科知识的内涵及其价值。最终，学生在现实情境中，能够灵活迁移和运用知识去真正解决问题，具有批判与质疑的态度和行为，问题解决能力、迁移能力和创新能力得到提升，学科核心素养得到发展。

2. 深度学习追求意义建构

深度学习指向知识内容的深度理解，关注学生从真正意义上理解和掌握学习内容的"意义建构"，真正掌握自我建构知识的能力，这正是建构主义所主张的全部行为活动的终极目的。因此，深度学习能够促进学生调动已有认知结构，整合多学科知识和多渠道知识进行学习。同时，问题解决导向下的深度学习，能够在学习与实践过程中引导学生对概念和知识的意义进行理解和应用，从而能够深刻理解学科知识的价值与意义。

3. 深度学习需要真实情境

建构主义理论强调老师应创设真实的课堂教学活动情境，以适合学生开展有意义建构的学习。深度学习通过创设真实、有效的学习情境，引导学生借助情境进入学习的状态，在真实而具体的问题情境中，学生对已有的知识经验进行检索和提取，完成知识建构；能联系已学知识更全面地思考问题，运用知识迁移的能力解决实际问题，发展高阶思维品质，不断提高学习能力。

综上所述，建构主义理论能够为深度学习提供理论指导，基于建构主义理论的深度学习策略应注意引导学生迁移认知体系中已有的经验知识，以培养学生的高阶思维能力为目标。

二、教育目标分类理论

20世纪50年代，布卢姆等人提出了教育目标分类理论，将教育目标分为认知领域、情感领域和动作技能领域，并从实现各个领域的最终目标出发，确定了一系列目标序列。

（一）教育目标的分类

教育目标分类理论将教育目标分为认知领域、动作技能领域和情感领域，对应领域中常用的具体分类法依次是布卢姆的认知目标分类法、辛普森的动作技能目标分类法和克拉斯沃尔的情感目标分类法。

认知领域、动作技能领域、情感领域按照学习过程分为若干个层次的子目标，下层目标是上层目标的基础，学习过程由下层目标向上层目标发展，子目标之间具有层次性。其中，认知领域的目标包括记忆、理解、应用、分析、评价和创造；动作技能学习领域的目标包括知觉、准备、有指导的反应、机械动作、复杂的外显反应、适应和创新；情感领域的目标分为：接受、反应、价值评价、组织及价值体系个性化（见表2-2）。

表2-2　教育目标分类

教育目标领域	教育目标
认知领域	记忆、理解、应用、分析、评价和创造
动作技能领域	知觉、准备、有指导的反应、机械动作、复杂的外显反应、适应和创新
情感领域	接受、反应、价值评价、组织及价值体系个性化

（二）布卢姆的认知目标分类[①]

布卢姆关于认知领域学习分类体系由知识维度和认知过程维度构成。知识维度包括四大类别：事实性知识、概念性知识、程序性知识和元认知知识，每

---

① 安德森. 布卢姆教育目标分类学［M］. 蒋小平，张美琴，罗晶晶，译. 北京：外语教学与研究出版社，2009：21-24，50-69.

个类别又分为若干类，如事实性知识包括术语知识、具体细节和要素知识。

认知过程维度包括记忆、理解、应用、分析、评价和创造共六个类别，每个主类别又包含两个或两个以上具体的认知过程，如"记忆"的具体认知过程有识别和回忆；"应用"的具体认知过程有执行和实施。

1. 记忆

当教学目标是让学生几乎原封不动地记住教学所呈现的材料时，与之相关的认知过程类别就是记忆，它涉及从长时记忆中提取相关的知识。记忆类别的两个具体认知过程是识别和回忆，与记忆相关的知识可能是事实性知识或概念性知识，也可能是程序性知识或元认知知识，还可能是这几类知识的某种组合。

2. 理解

当学生能够从授课、书本或计算机等渠道获得言语、文字和图形等呈现形式的教学信息并从中建构意义时，即为理解。理解需要在将要获得的新知识和已有知识之间建立起联系，是新获得的知识与现有的心理图式和认知框架的整合。所以，概念性知识是理解的基础。理解类别中的认知过程包括解释、举例、分类、总结、推断、比较和说明等。

3. 应用

应用是使用程序去完成练习或解决问题，即在给定的情境中执行或使用程序。与应用密切相关的知识是程序性知识。"应用"认知类别包括两个具体的认知过程："执行"的任务是完成练习（学生熟悉的）；"实施"的任务是解决问题（学生不熟悉的）。

如果任务是熟悉的练习，学生通常知道需要使用哪些程序性知识。如果任务是不熟悉的问题，学生必须首先确定解决问题将要运用的知识。因此，在"实施"时，理解概念性知识是应用程序性知识的前提。

4. 分析

分析是将材料分解成它的组成部分，并确定各部分之间的相互关系，以及各部分与总体结构或总目之间的关系。"分析"的认知类别包括区别、组织、归因三个具体的认知过程，"区别"是根据相关性和重要性区分总体结构的各个部分；"组织"是在呈现的信息之间建立起系统的、内在一致的联系；"归因"是能够断定交流背后的观点、倾向、价值或意图。

学会"分析"本身就可以当作教育的目的，但在教育上可能更有理由把"分析"当作"理解"的外延，或是作为"评价、创造"的开端。

5. 评价

评价是指基于准则和标准做出判断。评价类别包括的认知过程有检查（判断内部一致性）和评论（基于外部准则进行判断），大部分的认知过程都要求进行某种形式的判断。

评价的常用准则包括质量、效果、效率和一致性等，而评价的标准可以是定量的，也可以是定性的。

6. 创造

创造是将要素组成内在一致的整体或功能性整体，将要素重新组织成新的模型或结构。"创造"认知类别包括三个具体的认知过程：产生、计划、生成。创造过程可以分为三个阶段：问题表征（学生试图理解任务并产生可能的问题解决方案）、方案计划（学生审视可能的方案然后形成可行计划）及方案执行（学生成功地执行计划）。

（三）认知目标分类理论视域下的深度学习

深度学习是学习者进行有意义学习、促进高阶思维发展的学习，而如何确保学习活动是发生在指向高阶思维发展的较高认知水平层次上，是开展深度学习的关键。因此，可运用教育目标分类理论，从认知、思维、动作技能、情感四个维度，设计教学目标来确定深度学习的出发点，制订评价标准来判断深度学习达到的层次。

1. 认知目标维度

根据布卢姆的认知目标分类，"记忆、理解"层次要求学生记住所学知识并能用自己的语言进行转述，是对知识的简单描述与记忆，涉及的是机械记忆、浅层理解等低阶思维活动，属于浅层学习范畴。而"应用、分析、评价、创造"层次要求学生具有将所学知识应用于新情境，对知识进行分解和重新组合，解决复杂的现实问题，以及依据一定标准对事物进行价值判断的能力，涉及的是解决实际问题、元认知、批判性思维等高阶思维活动，属于深度学习的范畴（见表2–3）[①]。

表2–3 深度学习认知目标与布卢姆认知目标分类的对应关系

学习类型	目标层次	目标对应的含义
浅层学习	记忆	从长时记忆库中提取相关知识
	理解	从教学信息中建构意义
深度学习	应用	在新情境中应用所学知识技能
	分析	把材料分解为要素，并确定各要素之间、要素与整体之间的关联
	评价	根据具体的标准或特定的目的，对观点、方法、信息等做出判断
	创造	将要素整合形成内在一致或功能统一的整体，建立模型或新结构，设计完成任务的方法或创作一个新产品

2. 思维水平维度

深度学习是运用高阶思维进行有意义学习的高阶学习，发展高阶思维是深度学习最重要的特征。根据比格斯和克里斯的SOLO分类法，将思维活动分为五个层次（见表2–4）。[②]

表2–4 SOLO分类法的结构层次

SOLO层次	概念内涵
前结构	学习者参与到学习任务中，但被学习情境中的无关知识信息所迷惑或误导，对问题的反应无任何意义
单一结构	学习者只关注与问题解决相关的一个知识信息
多元结构	学习者使用多个孤立的知识信息来解决问题，但缺乏有机整合能力，没有建立知识信息之间的联系
关联结构	学习者整合对所有相关知识信息的理解，建立所用知识信息之间的联系，形成一致的知识结构或意义，来解决较为复杂的具体问题

———————————————

① 张浩，吴秀娟，王静. 深度学习的目标与评价体系构建［J］. 中国电化教育，2014，330（7）：51–55.

② 同①。

SOLO层次	概念内涵
抽象拓展结构	学习者在关联的基础上，对问题进行更全面的思考，以概括出更抽象的特征，生成一般性的假设并应用到新情境中，拓展问题本身的意义

学习者在"前结构"层次，对问题无法做出反应或者是做出无意义反应，表明处于"无学习"状态。学习者在"单一结构和多元结构"层次时，是学习者知识积累的量变过程，进行的是低阶思维活动，属于浅层学习。学习者在"关联结构和抽象拓展结构"层次时，是学习者理解加深的质变过程，需要的是高阶思维活动，属于深度学习。

3. 动作技能维度

辛普森的动作技能目标分类有七个层次，由于"知觉、准备"不易从行为上观察到，通常在制订教育目标时，只对标后五个目标（见表2-5）[①]。

表2-5　深度学习目标与辛普森动作技能目标分类的对应关系

学习类型	目标层次	概念内涵
浅层学习	有指导的反应	在原型示范和他人指导下完成简单的动作技能
	机械动作	能独立完成简单的动作技能
深度学习	复杂的外显反应	能熟练完成复杂的动作模式
	适应	能修正自己的动作模式，以满足新情境的需要
	创新	能创造新的动作模式，以适应具体的新情境

浅层学习对应的"有指导的反应、机械动作"动作技能层次，是通过模仿完成或独立完成低水平的、简单的动作技能。而"复杂的外显反应、适应、创新"则要求学习者掌握复杂的动作技能，并能将高水平动作技能迁移应用，在实践中还能够根据具体情况对相关动作技能进行调整，甚至是创造出新的动作模式或动作类型，也属于深度学习的目标。

---

① 张浩，吴秀娟，王静. 深度学习的目标与评价体系构建［J］. 中国电化教育，2014，330（7）：51-55.

4. 情感目标维度

根据克拉斯沃尔的情感目标分类法，情感教育目标按照等级层次划分为五个层级，体现出从低级到高级逐级递进、逐步内化的进程（见表2-6）[①]。

表2-6　深度学习目标与克拉斯沃尔情感目标分类法的对应关系

学习类型	目标层次	概念内涵
浅层学习	接受	愿意接受或注意某些现象和刺激的程度
	反应	积极注意到某现象或对该现象做出反应
深度学习	价值评价	看到了某种现象的价值，并在相关行为上显示出坚定性
	组织	对价值进行概念化，并用来判断各种概念间的相互联系
	价值体系个性化	将价值观、信念、概念和态度等组织成内在和谐的系统

情感目标处于"接受、反应"层次，表明学习者是由外在学习动机推动的，其学习态度是消极的，属于浅层学习。而情感水平处于较高的"价值评价、组织、价值体系个性化"层次时，显示学习者具有强烈的学习兴趣和正确的学习态度，产生强烈的内在学习动机，进入到深度学习。

深度学习的教育目标由高阶认知水平、高阶思维能力、高水平动作技能、高层次的情感水平等构成，既阐明了深度学习应该达到的层次水平，也成为制订深度学习评价体系的标准。

三、情境认知理论

情境认知理论倡导情境学习具有基于情境的行动、合法的边缘参与、实践共同体的建构等基本特征，促进知识向真实生活情境迁移。[②]作为强调有意义学习的重要学习理论，其倡导情境化学习的基本特征，在深度学习中也有充分体现。所以，情境认知理论是实现并促进深度学习的重要理论依据之一。

---

① 张浩，吴秀娟，王静. 深度学习的目标与评价体系构建［J］. 中国电化教育，2014，330
（7）：51-55.
② 同①。

（一）情境认知理论的知识观

情境认知理论认为，知识来源于真实的生活情境，是个人和社会或物理情境之间联系的属性及互动的产物。因此，知识不是抽象的，是个体与环境交互过程中建构的一种交互状态。情境认知理论强调，知识是一种工具，用来通过真实的实践活动和社会互动促进学生的文化适应。知识具有情境性、生成性、分布性及条件性等特征，学习者通过参与真实情境中的活动并用所获得的知识来解决实际问题，才能建构知识意义并真正掌握这些知识。

（二）情境认知理论的学习观

情境认知理论认为，学习的过程是自身认知与环境的交互碰撞，最后的结果是与真实环境互动吸收后产生的。所以，学习是高度基于情境的实践活动。个体需要置身于知识产生的特定物理或社会情境中，通过积极参与具体情境中的社会实践来获取知识、建构意义并解决问题。只有将学习融入相关的社会和自然情境之中，个体才能在建构事实性知识的基础上，赋予知识真正的意义，有意义的学习才有可能真实发生。

由于学习是一种实践或情境化活动，需要参与者以多种层次和方式参与到学习的过程。所谓"合法的边缘性参与"是指一名新手学习者在加入实践共同体后，从开始的边缘性参与者发展成为完全的参与者的经历。这说明了学习者通过参与实践共同体，进而参与到社会文化实践的活动中，能够从新手成长为熟手乃至专家。

（三）情境认知理论的教学观

情境认知理论的最核心要素是为学生的学习创设合理的情境：①实践的情境性。情境可以是自然的、物理的，也可以是仿真的、虚拟的。②情境的真实性。即真实或高仿真的生活情境、科研情境和社会情境，只有在真实的实践共同体或逼真的虚拟环境中的学习，才能让学生理解和辨识不同情境中的问题表征，活化学生解决问题的思维，确保知识向真实情境迁移，以提高知识情境化应用的能力。

教师的教学活动要注重创设三类情境：①认知情境，包括真实或虚拟的学习情境。创设的情境要与学生的生活紧密相关，同时又包含新的信息刺激，促使学生提出解决方案的假设，并利用情境提供的各种丰富资源进行探索，以此掌握解决问题的技能。特别是充分利用网络资源，提供更多大量真实的问题、高仿真的虚拟空间及丰富的认知表征方式，如图片、音频、视频、动画、文本、语言描述等，帮助学生进入虚拟的仿真环境，去寻找真实的问题，并激起其学习的动力，启动知识建构的心理机制。②实践情境，目的是通过实践解决实际问题，提高知识应用与创新能力。因此，根据现实问题，创设问题解决的实践情境能够培养学生发现问题、解决问题的能力。真实问题情境的创设既能激发学生的学习兴趣，又能增强知识情境化应用的迁移能力，从而提高学生的自主学习能力。③合作情境，情境认知理论强调学生与他人、社会环境构成了学习共同体，学习的本质是参与共同体的实践活动，个体的学习与发展与其所在的共同体的发展密切相关。

（四）基于情境认知理论的深度学习

情境认知理论倡导在真实情境中开展有意义的学习，对深度学习的理论探索和实践研究产生重大影响。

1. 深度学习是基于特定情境的学习

深度学习是基于真实情境的学习，学生需要参与到特定的实际情境中，通过自身的亲身实践来不断获取知识、建构自己的知识体系，并将所获取的知识运用到情境中解决现实问题上，如此才能在与情境互动的过程中实现对认知的意义建构，通过知识逐渐内化来真正掌握知识，从而解决实际问题。

因此，创设真实的、有意义的学习情境，是实现深度学习不可或缺的重要条件。只有引导学生在真实情境中学习，把学习与具体的社会实践相结合，把获取知识与学生的发展相融合，才能支持和促进深度学习。

2. 深度学习是指向问题解决的学习

深度学习的最终目的是要解决复杂的真实问题。因此，学生在参与真实情境的实践活动中，在解释、解决问题中，建构有意义的知识并真正掌握知识，并将新知识迁移到新的情境中，运用所获得的知识来解决实际问题。

学生只有面对真实的问题情境，才会全身心地投入学习。学生只有把认知的成果运用到现实社会情境中，在面对陌生的、复杂程度高的真实问题时，表现出创造性地分析、较快形成解决思路、迅速进行决策、快速整合资源解决问题等核心素养，并去解决生产、生活中的实际问题，才是最有意义的学习，才能达成深度学习所追求的学科育人价值。

3. 深度学习是倡导合作共建的学习

深度学习的情境认知要求学生的学习需要和老师、同伴进行合作，还需要学习共同体的支持，才能真正参与到真实的情境中进行知识的建构。而学生面对真实、复杂的问题或学习任务时，需要通过与实践共同体内其他成员的相互对话、彼此互动来加深对知识的理解，共同建构知识体系，并迁移应用知识解决真实情境中的复杂问题。所以，学生的学习和发展与其所在的学习共同体的发展密切相关。

总之，深度学习的过程体现了情境认知理论的特征，情境认知理论对于深度学习具有理论指导意义。

四、元认知理论

元认知理论是20世纪70年代兴起的学习理论，该理论认为学习者能有效控制自己的思维活动和学习过程。元认知理论有关认知活动的认识及对认知活动的调节，给予深度学习有力的支持。

（一）元认知的意涵

元认知的核心意涵是指人类对其自身认知活动的认知，包括有关认知的知识和对认知的调节等两个方面。具体来说，元认知是认知主体对自身心理状态、能力、任务目标、认知策略等方面的认识，同时，元认知又是认知主体对自身各种认知活动的计划、监控和调节。[①]

学生的元认知能力是决定其自主学习能力的关键要素之一，学生具备元认知能力，可以对自己的认知活动有充分的认识，了解自己的心理状态、任务目标及认知策略和能力等方面的状况，并能够主动做出监控和调节，从而把握自己的学习活动，实现真正的自主学习。

（二）元认知的结构

元认知是人们对自己的认知活动进行自我意识和自我调控的心理过程，包

---

① 杨宁. 元认知研究的理论意义［J］. 心理学报，1995，27（3）：322-327.

括三个组成部分：元认知知识、元认知体验和元认知监控。

1. 元认知知识

元认知知识是关于认知活动的一般性知识，是个体对于影响认知过程及其影响因素的知识，比如关于记忆规律、思维过程等方面的知识。元认知知识是个体在经过许多次的认知活动之后，逐渐积累起关于认知活动的影响因素及其影响方式的知识。

元认知知识包括：①有关认识主体的知识，是指个体自我认知的能力和特点及对个人与他人认知特点的认识。②有关认知任务的知识，是指认知主体对认知活动的要求和任务的认识。③有关认知策略的知识，是指认知主体在完成认知活动的任务和要求时，对所采取的有效的认知方式或方法的认识，它包括认知活动中的认知策略、元认知策略等。

元认知知识是元认知活动的必要支持系统，为调节活动的进行提供一种经验背景。认知调节的本质就是对当前的认知活动进行合理的规划、组织和调整。在这个过程中，个体对自身认知资源特点的认识、对任务类型的了解及关于某些策略的知识，对调节活动起着关键的作用，个体正是根据这些知识而对当前的认知活动进行组织的。如果不具备相关的元认知知识，调节就具有很大的盲目性。

2. 元认知体验

元认知体验是人们在开展认知活动时随之产生的认知体验和情感体验，是个体对其认知经验通过反思而获得的更具有概括性的经验。

元认知体验与主体在认知活动中所处的位置和取得的进展或将要取得的进展有直接联系，可能发生在主体认知活动的前后，也可能发生在主体认知活动持续期。在认知活动初期阶段，主要是关于任务的难度、任务的熟悉程度及对完成任务的把握程度的体验；在中期阶段，主要是关于当前进展的体验、关于自己遇到的障碍或者面临的困难的体验；后期阶段主要是关于目标是否达到、认知活动的效果、效率如何体验及在任务解决过程中的收获的体验。

元认知体验可以激活元认知知识，可以为调节活动提供必需的信息，调节总是基于体验所提供的关于认知活动的信息而进行的，只有清楚地意识到当前认知活动中的种种变化才能使调节过程有方向、有针对性地进行下去。积极的元认知体验会激发人们的认知热情，调动认知潜能，从而提高认知加工的效率，对完成认知任务产生重要影响。

3. 元认知监控

元认知监控是指个体在进行认知活动的过程中，为达到预定目标而将自己正在进行的认知活动作为对象，主动地对其进行积极监视、控制和调节。具体表现为制订计划、操作控制、自我评价、检查结果、采取补救措施等。

元认知监控是元认知的核心，个体对认知活动的调节是通过运用相关的元认知策略而实现的。在元认知策略形成的初期阶段，需要有意识地指导，当策略得到高度发展时，就会形成无意识活动。元认知策略大致分为三类（见表2-7）。

表2-7 元认知策略

技能类型	解释
计划策略	根据认知活动的特定目标，在一项认知活动开始之前计划各种活动，预计结果、选择策略、想出各种解决问题的方法，并预估其有效性，包括设置学习目标、安排时间、预测重点与难点、产生待回答的问题及分析如何完成学习任务等
监控策略	在认知活动的实际过程中，根据认知目标及时评价、反馈自己认知活动的结果与不足，正确估计自己达到认知目标的程度、水平，并根据有效性标准评价各种认知行动、策略的效果
调节策略	根据对认知活动结果的检查，如发现问题，则采用相应的补救措施，根据对认知策略的效果的检查，及时修正、调整认知策略。调节策略包括调整预先的目标或计划，改变所使用的策略，有意识地矫正学习行为，局部目标尚未达到时采取补救措施等

元认知的元认知知识、元认知体验和元认知监控等三个组成部分是相互联系、相互影响的，共同制约着人的认知活动。其中，元认知知识是元认知活动的基础，个体对具体认知任务的元认知体验、对认知过程的元认知监控受相关的元认知知识的制约。元认知体验是元认知活动顺利进行的中介和桥梁，元认知体验可以转变成元认知知识，也会对元认知监控产生动力性作用。而元认知监控则对元认知活动起监控和调节作用，元认知监控的每一具体步骤的效应，都会对元认知体验产生影响，而个体所拥有的各种元认知知识，只有通过元认

知监控才能发挥效用。个体可以经过元认知监控，不断地检验、修正和发展有关元认知的知识，丰富和完善认知知识结构。

（三）元认知理论视域下的深度学习

元认知是个体对自己"认知"的认知，其理论核心是强调个体对自己的认知过程的自我认识、自我监控和自我调节。元认知能力能够促进学生的深度学习，而学生通过深度学习能够提高元认知能力。所以，元认知能力与深度学习具有相互促进的关系。

1. 元认知策略提升深度学习能力

元认知策略指个体运用元认知理论，对自己的认知过程及结果进行有效监控与调节的策略。运用元认知策略的水平代表着元认知能力的高低。

首先，元认知策略能帮助学生制订学习任务并进行整体规划，明确知识之间的逻辑顺序及其关联，以知识为整体进行学习；元认知策略还能指导学生恰当地选用符合自身情况的学习策略，并且能够根据自身元认知水平的变化，不断变换、运用相应的学习策略，以提高学习效率、提升学习效果。其次，元认知策略促使学生对自身学习过程进行监控，评估自身学习过程、学习策略等方面的状况，总结优势、反思不足，对存在的问题及时采取纠正策略，并调整自己的学习策略。

这样，学生运用元认知策略调控自身学习方式和学习策略，修正学习行为，促进学习概念的掌握和建构，指向知识的应用和问题的解决，从根本上达成深度学习。通过元认知能力的提高，学生可以对自己的学习做出更好的安排，无论是事前的计划、学习方法的优选和存在问题的发现，都能及时进行监控、调节，有效地监控和调整自己的学习过程，及时调整自己的学习策略，促进深度学习的开展。

2. 深度学习推动学习者元认知能力的发展

元认知能力是高阶思维能力的体现，而深度学习的核心内容便是发展高阶思维能力。学生在深度学习中，能够对所学内容及所发展的能力做出评估与反思，以此对自身的学习进行合理的认知，进而对认知活动做出合理的调整与控制，体现出高阶思维的发展过程。同时，学生反思学习过程及学习策略，通过反思和调节学习过程，整合新旧知识和经验，形成新的认知结构，推动个体的深度学习，从而促进元认知能力的发展。

因此，元认知与深度学习之间能够相互促进。学生借助元认知不断反思和调整学习策略，促进了深度学习的开展。而学生在深度学习中通过自主建构知识、解决实际问题，逐步提升高阶思维能力，也就培养和提高了学生的元认知能力。

总之，建构主义理论、教育目标分类理论、情境认知理论、元认知理论为深度学习提供了丰富的理论源泉，能够帮助广大教师学习和认识深度学习与深度教学，为开展深度学习与深度教学提供积极的帮助。

第三节　深度学习的策略

在教与学的双边活动中，教师既要关注"教"，更应关注"学"。陶行知先生曾指出："我以为好的先生不是教书，不是教学生，乃是教学生学。"在深度学习中，学生是学习的主体，帮助学生掌握深度学习的策略是深度学习活动高效运行的保证。所谓深度学习策略，是学生为达成深度学习的学习目标，而采取的程序、规则、方法、技巧及调控方式等。深度学习策略是调动学生积极性和发挥影响学习的各因素作用的有效手段，主要包括获取信息策略、信息深加工策略、问题解决策略及自我管理策略等。

一、获取信息的策略

在深度学习中，学生需要从表述知识的文本符号、实物证据、影像资料等在内的多种形式的学习材料中，获取其中蕴含的知识、思维、情感态度价值观等方面的信息，领悟其中的价值与意义，从而"亲身"体验知识的发生与发展过程。这意味着，学生要具备搜集、获取、处理信息的能力，有学者称之为信息素养，即能够判断什么时候需要信息，并且懂得如何去获取信息，如何去评价和有效利用所需的信息。因此，掌握获取信息策略，发展信息素养，是深度学习的起点。

（一）信息的定义及其类型

国内外学者从不同视角对"信息"做出定义，如信息论创始人香农指出："信息是用来消除随机不定性的东西。"控制论创始人维纳认为："信息是人们在适应外部世界，并使这种适应反作用于外部世界的过程中，同外部世界进行互相交换的内容和名称。"我国教育科研工作者钟义信认为："信息是事物存在方式或运动状态，以这种方式或状态直接或间接的表述。"在《现代汉语词典》中，"信息"泛指一切音信和消息，是指客观世界中各种事物的存在方式和对它们的运动状态的反映。

在一般意义上，信息就是客观世界一切事物存在和运动所发出的各种信号和消息，如被表述出来的感觉认知、书本知识、各种数据资料、消息及一些尚未被辨识的事物之间的某些联系等。所以，信息是包括人类社会传播的一切内容，是音讯、消息、通信系统传输和处理的对象，等等。

（二）获取信息策略的意涵

获取信息通常是指人们按照一定的需求，通过一定的技术手段和方式方法获得相关原始信息的活动及过程。人类是通过获得、识别自然界和社会的不同信息来区别不同事物，得以认识和改造世界。

获取信息是对信息的吸收与占有，通常有两种类型：一是向内型信息获取，即个体平时尽量收集广泛的信息，其目的是提高自己的修养和增长见识。学生日常的阅读、交流、游历等多属这种情况。二是向外型信息获取，个体在关键时刻收集某些特定信息，其目的是解决自己遇到的问题，如学生遇到学习困难去查阅资料或请教老师、同学。

人类获取信息的途径、方式是多种多样的，一般来说，获取信息所选择的方式要因地、因时、因事，选择适当的、高效的方法。获取信息策略就是指能够确定何时需要信息，并快速获取信息及检索、评价和高效使用信息的方式和方法的总称。获取信息的过程就是学生对信息的精准选择，有目的、有意识地收集有效信息，甄别与精心整理，进而最有效发挥信息所蕴藏的价值的过程。因此，获取信息策略还表现为如何对信息进行积极的心理加工。另外，获取信息可以帮助学生获得大量课堂外的知识与讯息，是对课堂教学的延伸与拓展。所以，获取信息策略又表现为如何进行知识的拓展性学习，最终目的是让学生获取更多的资源，帮助学生"深度地学"，从而大幅度提升学习效率。

（三）掌握获取信息的策略，发展获取信息的能力

人类处于信息爆炸的时代，人们面对多渠道的信息来源、多元化的信息形式，如何在海量的信息中获取个人需要的信息，对于成长中的学生是巨大的考验。学生需要通过学科的深度学习过程掌握获取信息策略，提高获取信息的能力；同时，运用获取信息的策略促进深度学习。

1. 基于多元化的渠道获取信息

在深度学习中，学生获取学习所需要的信息，来源应该是多元化的。一是教材提供的文本资料，这是知识信息的主要来源；二是在教师创设多样化的情境中，给学生提供不同形式的文本与影像资料；三是学生从书籍、电视、报纸、音像制品等媒介上接触到各种各样的信息，尤其是发达的互联网，能够给学生提供眼花缭乱的信息；四是学生在日常生活中，通过观察、体验等方式感知到的信息。

教师要指导学生学会在日常生活中观察生物体的形态、结构及其生命活动现象，积累支撑建构生物学概念的生物学事实，还要引导学生关注对科学、技术和社会发展有重大影响和意义的生物学新进展，使学生能够在课堂之外获取学习生物学所需要的信息。

2. 在多样化的学习情境中筛选有效信息

教师可利用多样化的信息内容创设教学情境，引导学生从情境中获取与学习有关的信息。丰富的信息来源可以为学生深度学习提供大量的事实材料。但是，纷杂的信息也会让学生迷失方向，这就要求学生能够从大量的情境信息中有效选择自己学习所需的信息。因此，教师可设置启发性的问题情境，结合教学的进程，引导、帮助学生学习和掌握获取信息的方法。一是分析个人的信息需求，即考虑个体利用信息所要达到的目的、个体对信息的接受程度及外界提供信息的情况等方面内容，确定自己需要信息的内容、形式、来源等要素。二是甄别信息真伪，需要从信息来源是否可靠、是否违反有关规定、信息内容是否真实合理、信息形式与内容在逻辑上是否通畅等方面，对信息源做出选择。三是判断信息的价值，学生要学会从信息的针对性、时效性、权威性等方面，判断现有信息对个人信息需求的契合度，以便对信息做出筛选。四是有效信息裁取，引导学生从个人认知水平的视角，根据学习的需要对信息进行选取，加工成为深度学习的支撑材料。

3. 在分析信息的过程中提升思维能力

在筛选出有效信息后，教师要指导学生对资料中的信息进行深刻分析，从信息中获取相关的生物学资料，运用到生物学知识的学习中。学生通过资料分析与归纳，概括总结出相应生物学概念的本质特征和属性。[1]这样，学生在分析资料中的信息建构概念的同时，能够学会探索生命世界的基本方法，领悟科学的设计思想，提高科学的思维方法和科学探究的能力，养成严谨、求是的科学态度，从而提升自身的学科核心素养。

二、信息深加工策略

学生获取的信息是学习的第一手材料，需要经过加工才能支撑学生建构知识、提升思维、发展情感。而信息深加工策略，能够显著提升获取信息的价值，提高深度学习质量。所以，信息深加工策略是深度学习策略中最为重要的策略。

（一）信息深加工策略的定义

一般来说，人们都会对获取的信息进行处理和加工。而在编码、储存、提取、运用等信息加工过程中的认知策略称为信息加工策略。信息的深加工则是指人们为了更好地记忆和理解正在学习的内容而做的充实意义的添加、建构或者生发。简而言之，凡是把新信息与已有知识有效地联系起来，增加新信息意义的加工就是深加工。

在深度学习中，需要在信息加工策略的基础上，对信息深加工，达成信息的高效储存与提取，最终实现信息的有效利用。所以，信息深加工策略是指通过对学习材料增加相关信息来达到记忆、理解的学习方法，如对材料补充细节、举出实例、做出推论或使之与其他概念形成联想等，旨在为知识的提取提供新的途径，为知识的建构提供额外的信息。

生物学学习中的深加工是将获取的事实类信息与生物学知识建立联系，赋予其学科知识的价值与意义；还需要将新学习的生物学知识与已有知识进行联系，以增进学生对新知识的理解和记忆。经过深加工的生物学概念进入已有概念结构体系中，在以后需要唤起的时候容易检索，即使直接检索出现困难，也能够通过概念结构体系间接地将其推导出来。因此，深加工在生物学学习过程

---

[1] 赵广宇.中学生物学课程概念教学理论与实践［M］.北京：科学出版社，2019：153-156.

中发挥着重要的作用，是高效获取陈述性知识的基本条件之一，是深度学习的重要保证。

（二）信息深加工的类型

认知心理学认为，存储在长时记忆中的信息是以金字塔结构形式组织的。这种结构化的知识体系正是深度学习期待的学习结果，即在繁杂的知识内容中，抽象出知识的本质属性，建立主干知识的逻辑联系，达成知识的结构化。信息深加工策略在深度学习中的作用，主要体现在信息简化、信息扩展与信息生成等三个方面。

1. 信息的简化

在深度学习中，由于信息来源复杂、种类繁多，纷繁复杂的信息源会影响学生对知识的认知过程。因此，需要将不同来源、不同种类的信息进行简化。通过信息的简化过程，使学生能够抓住事物的主要矛盾，将事实性知识抽象概括为概念，建立概念之间的联系，进而将概念链接形成概念结构体系，使零散的知识网络化、体系化，达成学生的深度学习。例如，学生把一个单元的生物学内容总结成为概念图或思维导图，需要去除枝节的内容，高度概括出单元的核心概念和原理之间的逻辑关系。尽管不同的学生自主制作的概念图可能不一样，使用的技巧也各不相同，但都能够充分彰显信息简化的作用。

2. 信息的扩展

信息扩展策略能够帮助学生将信息存储到长时记忆中去，通过在所学各项信息之间建立联系来实现新旧知识之间的融合，从而增加和扩展信息的意义。通常使用的方法是利用视觉表象，或者寻找语义之间的联系来增加理解和扩展新信息，包括挖掘知识背后隐含的教育价值与意义，探寻知识背后的故事，从而加大学习的深度、拓展学习的宽度。同时，也能激发学生的学习兴趣。

比如，在生物学科学史料的分析过程中，教师引导学生不仅仅关注生物学家通过实验得出的科学结论，形成的科学概念，还应引导学生通过科学史料揭示学科的本质，展示人类思考、研究、解决问题的进程，客观记录思维从低阶向高阶发展的历程，揭示出诞生科学理论、定理、概念的探究过程；科学史料还能体现科学研究方法从原始到现代的发展历程，如从简单的比较、分类、类比等方法向综合的假说方法、模型方法、系统方法的发展。[①]在此过程中，让学生养成生物学家严谨、求是的科学态度，不畏艰难、勇攀高峰的科学精神，从中汲取克服困难、顽强拼搏的勇气。因此，教师需要帮助学生丰富信息的内涵，使所拥有的信息更加具有价值，通过信息的适度扩展，使知识、能力、思维及情感态度价值观实现高度融合，让深度学习有效发生。

3. 信息的生成

信息生成策略是在帮助学生有效记忆和理解新知识的同时，获得新旧知识所不具备的新的经验和意义，即具有信息建构或生成功能。建构主义学习观认为，学生不是被动接收信息刺激的，而是主动地建构意义，是根据自己的经验背景，对外部信息进行主动选择、加工和处理，从而获得自己的意义。外部信息本身没有意义，意义是学生通过新旧知识和经验间反复的、双向的相互作用过程而建构成的，说明学生在信息深加工中起到主体作用。

在生物学教学中，常常运用比较法对生物学概念或生物知识做分析比较，从中找出它们之间相同的、相似的和不同的地方，从而建立新旧知识之间的联系，便于学生对知识的理解、记忆和掌握。通过比较，可以使学生对所学知识的理解更准、更清晰，将所学知识融会贯通，让学习走向"深度"。例如，在高中生物学学习"无子西瓜"时，常常将其与"无籽番茄"的旧知识做比较：相同点都是无籽果实；不同点是无籽番茄属于单性结实的范畴，无子西瓜则属于多倍体育种，从而将分散在课本前后两处的两个概念有机地联系起来。

（三）在深度学习中掌握信息深加工策略

1. 给予学生足够的思考时间，有效筛选信息

人在学习过程中需要有时间消化、接纳新知识，如果学习速度过快就可能让学习处于浅层学习状态，不能清晰而有效地辨别、搜集和处理相关信息。要让学生真正走向深度学习，教师需要依托设置的问题情境，给学生留下足够的思考时间，引导和帮助学生从所给的材料中获取足够多的有效信息，运用已有的生物学知识筛选出与学习有关的信息，成为支持新知识学习的有效材料。

---

① 赵广宇. 中学生物学课程概念教学理论与实践［M］. 北京：科学出版社，2019：153-156.

2. 给予学生充分的思考空间，深度加工信息

在学习过程中，教师有意识地"留白"，空出一些关键步骤让学生有思考的空间，引导学生寻找新旧知识之间的联系：①从旧知识中选择恰当的新知识的自然生长点。因为旧知识不仅能起到过渡、搭桥的作用，而且能作为接纳新知识的链接点、固定点。②采用类比教学方式，以学生熟悉的事例，形象的比喻把新旧知识巧妙地联系起来。③借用比较法，通过比较旧知识与新知识的异同点来引入新知识。④设计"先行组织者"，目的在于引导学生把新知识纳入到已有的知识结构中，促进学生在已有认知结构内吸收新知识。这样，新知识从旧的知识网络中生长出来，又纳入原有的知识网络中，实现知识的内化，使新知识更有意义，从而加深学生对新知识的记忆与理解，在运用到现实生活中时更容易提取。

例如，在高中生物学教学中，教师可以引导学生以染色体为核心概念制作概念结构网络图（见图2-1），此图的建构有助于学生对遗传的物质基础、遗传规律、细胞分裂、生物的变异等内容进行整理和归纳，提炼出与染色体有关的一些概念，并进行辨析、比较和学习。

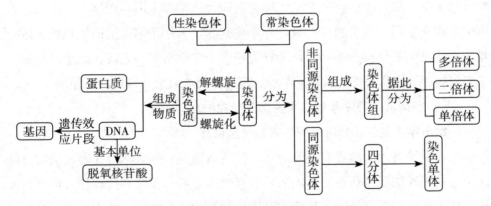

图2-1　与染色体有关的概念结构网络图

3. 给予学生广阔的运用场景，恰当利用信息

教师需要设计运用知识解决问题的场景，促进学生将知识应用到实践中，从提供的材料中深度获取信息，要求学生能够运用所学的知识和观点，正确解释科学、技术和社会发展过程中出现的新概念、新进展，或根据新的理论来解释生命现象。在分析和解决问题中合理利用相关信息，学生活学活用知识解决现实生活问题。这样，在分析和解决生物学问题、解释生命现象的过程中，引导学生逐步掌握信息深加工策略，逐步走向深度学习。

因此，教师在信息深加工策略渗透教学中，要善于创设新旧知识联系的桥梁和纽带，让学生理解信息的简化、扩展与生成，帮助学生在准确接受信息的同时主动地建构和生成新的经验和意义。也正是从这一层意义上讲，信息深加工策略是学生深度学习的核心环节。

三、问题解决的策略

深度学习是指向问题解决的学习，学生要面对不同情境下的生物学问题，运用所学知识解决实际问题，同时在问题解决的过程中去学习。所以，对于学生而言，掌握问题解决策略是进行深度学习的重要因素。

我国心理学家王甦和汪安圣认为，每个问题都包含三个方面：①条件，关于问题条件的已知描述，即问题的原始状态。②目标，关于问题结论的已知描述，即要求的答案或达到的目标状态。③障碍，正确的解决方法不是直接、显而易见的，必须间接地通过一定的大脑思维活动才能找到答案，达到目标状态。因此，问题都是有难度、有障碍的，否则就不能称其为问题。当人遇到问题的时候，运用自己原来掌握的知识和经验，在大脑思维的参与下，达到目标的过程，就是问题解决。

（一）问题解决策略的定义

问题解决起始于对一个问题的表征，即对已知问题原始状态的理解。问题解决的过程往往是根据问题的情境和已知条件，经过比较、分析、综合、概括、归纳等思维过程，最后达成问题的目标状态。

杜威提出，问题解决要经历如下五步：一是感受问题的存在，即主观上意识到面临的问题；二是确定和界定问题，即从问题情境中识别出问题，明确问题的已知条件及要达到的目标；三是形成假设，即在分析问题空间的基础上，激活自己大脑中相关的背景观念和先前获得的解决问题的方法，从而提出各种解决问题的可行性方案；四是检验假设，即对问题的各种假设进行实验检验，推断出使用这些方法可能得到的结果；五是选择最佳方案，即找出解决问题的最佳途径，并把这一成功的经验组合到自己的认知结构中，以解决同类或新的问题。

解决一个问题离不开策略的选择和应用，如何以最佳的方式达到目标状态就是选择策略的过程。问题解决策略是指问题解决的方法、技巧及提高学生的问题解决能力等方面的总和。

（二）问题解决策略在深度学习中的价值

1. 掌握问题解决策略，保障深度学习真实发生

基于问题解决的深度学习，需要学生在解决问题的过程中，有积极的情感投入和深度体验，才能发生高水平的认知、高阶思维的训练等多层次、复合式的学习活动，引导学生从机械记忆的浅层次学习走向问题解决的深度学习。同时，指向问题解决的深度学习，能够引导学生采用探究的方式进行学习，能够真正调动学生的思维活动，实现自主建构知识、发展思维能力，使深度学习真实的发生。

2. 运用问题解决策略，促进知识的深层理解

以问题驱动学生的学习，可以促使学生运用问题解决策略，探索知识的发生与发展过程，帮助学生在知道"是什么"的同时，明白"为什么"和"怎样做"，从而深刻理解知识的本质属性，领悟知识之间的内在逻辑关系，并能够在已有知识基础上建构新的知识结构系统。这样，学生能够在解决问题的过程中，建立起良好的知识结构，从符号表征的表面学习走向深层理解的意义建构、价值实现，实现知识的深度学习。

3. 反思问题解决策略，发展学生的高阶思维能力

在学生解决特定的问题后，引导学生对基于问题解决的学习活动进行总结，反思问题解决的过程、方法、结果，促使学生发现自己在解决问题的过程中存在的不足与缺陷，进一步探索解决问题的新思路、好方法。同时，学生在总结、反思的过程中，能学会知识的迁移应用，实现由掌握知识符号的浅层学习走向解决实际问题的深度学习，从而提高思维的深刻性、灵活性和全面性，发展批判性思维，也提升了其知识的应用能力。

（三）问题解决策略的养成

1. 养成发现和识别问题的能力，把握问题解决的切入点

在问题解决的过程中，发现和识别问题是最难且最具挑战性的环节，需要有敏锐的洞察力和深刻的思维能力。因此，教师要引导学生在深度学习中去发现需要解决的问题，并且搞清问题的来龙去脉，以提高发现问题的能力。然后，教师引导学生分析问题来源和背景，找到问题的起因和发展过程，达成深刻地识别问题的目的。进而，要建立注重问题与已有知识、问题与问题之间的错综复杂的联系，学会在着手解决问题之前充分识别与分析问题的条件和要求及其内在联系，以帮助学生更好地理解问题的本质和困难所在，有助于引导学生找到解决问题的切入点和最优方案。具体的方法、步骤包括：①收集数据和信息，了解问题所涉及的各方面因素，包括人员、资源、时间等。通过统计数据、调查研究等方式，搜集与问题相关的信息和数据。②清晰表述问题，将问题表述准确清楚，确保全体学生对问题的理解一致，有助于在解决问题的过程中避免产生误解和偏差。③分析问题原因，分析问题的深层次原因，揭示问题的本质。通过逐层追溯，找出导致问题发生的具体原因，并运用问题树或鱼骨图等分析工具，帮助学生厘清问题的逻辑关系。

2. 学习问题解决的基本程序，掌握问题解决的方法

首先，针对需要解决的问题，可以借鉴以往类似问题的解决经验。通过寻找类似案例，帮助学生快速了解问题的解决方法和结果，为解决当下的问题提供指导。例如，①文献调研：查找相关的研究和实践报告，了解类似问题的解决方案。这些信息可能来自学术期刊、专业网站、行业报告等渠道。②经验分享：与其他同学进行讨论与交流，了解他们在类似问题上的经验和想法。这种经验分享可以通过课前搜索资料，课中展示分享，课后拓展延伸等学习方式进行。③案例分析：研究成功解决类似问题的案例，并从中总结经验教训。通过对比和分析，学生可以发现问题解决的共性和个性，从而更好地应用于当下问题的解决。

其次，学习问题解决的基本程序，有利于问题解决。例如，"IDEAL问题解决者"的程序：①识别问题，即要求学生发现问题。②确定问题，集中于问题的表征，强调在进行任何问题解决的尝试之前，形成一个关于问题的清晰图像。③探求可选方案，即生成并分析可选策略。④执行计划。⑤观察效果。

3. 优化解决问题的方法，拓展思维的方式

学生要学习和掌握问题解决的策略，从而准确地抓住问题的本质，提高问题解决的速度和准确度。例如，①目标分析法：将总的目标分解为更小单元的子目标，通过对一个个子目标的逐步实现来达到解决问题的目的。具体的步骤包括：一是确立目标；二是将问题分解为更小单元的子问题；三是在每一步中评价操作的性质，及时进行调整。②逆向搜索法：是从问题的目标状态开始搜索，直至找到通往初始状态的通路或方法，以实现问题的解决。③联想法：是指根据当前呈现的问题，充分地联想与该问题相关的曾经解决过的问题，并借助于该问题的解决来促进当前问题的解决。联想法强调充分调用头脑中已有的经验，使先前的问题解决及其思路成为目前新问题解决的范例或提示。④简化计划法：指的是在解决问题时，抓住问题的主要结构，将问题抽象成较简单的形式，先解决这个简略的问题，然后再进一步寻找解决整个问题的路径。

这样，学生掌握了通用的问题解决方法和思维策略，可以有效提高其问题解决的能力，提高深度学习的效率。而学习中的问题具有多样性和复杂性的特点，解决问题需要采用不同的思维方法。为了帮助学生应对复杂的问题情境，在问题解决的过程中，引导学生开拓新的视角，超越常规思维，以发现更多的解决方案。首先是多方位思考，即从多视角考虑问题，运用创新的思维方式，提出非传统的解决方案。发现更多角度的解决方案，提高创新思维能力。其次是通过拓展思维边界、借鉴其他领域的思维模式等方式，激发创造力，找到真正符合问题需求的方案。第三是将不同领域或学科的思维方法相互融合，形成综合性的解决思路。通过多元思维融合，可以将各种思维的优势加以整合，形成更强大、更全面的解决方案。

总之，在问题不断被解决的过程中，学生自身的潜能会不断迸发。在一次次解决问题的成功体验中，个体的自信心等心理品质会逐渐增强，增强的心理品质又有助于其坦然面对问题和问题的解决，从而形成一个良性循环，学生的综合素质在这个良性循环中得以提高。

四、自我管理的策略

学生在深度学习过程中，为达成学习目标、追求高效率和深层次的学习结果，需要对影响学习效果的各种因素进行有效的调控。因此，实现深度学习的关键环节，需要学生具备自我管理策略，能够对自身的学习进行科学的规划。

（一）自我管理策略的定义

自我管理策略是指学生个体对自己的目标、思想、心理和行为等表现进行的管理，通过自我激励、自我约束、自我组织、自我管理，最终实现自我奋斗目标的方法总和；是学生在达成学习目标的过程中，为追求高效率而主动对学习时间、自我情绪、自我努力、自我强化等内外学习因素进行有效调控的谋划。自我管理策略是以个体自身为管理对象进行的主动调控，调控的对象包括影响个体学习效果的一切可控的内外学习因素，通过各种因素的有效调控，旨在追求高效的学习效果。

（二）自我管理策略在深度学习中的作用

1. 自我管理策略能够保证学生的学习自主性

深度学习是自主、自觉的学习，需要学生具有持久的内在学习动机和强烈的学习兴趣，客观上要求学生做自己的主人。自我管理策略能够充分高效地发挥自身的主观能动性，独立自主地处理自己的学习生活事务，在目标达成的过程中最大限度地发挥自己的潜能。通过自我管理策略的使用，个体在独立面对和解决问题的过程中，不仅会养成独立思考的习惯，还会培养其敏锐的洞察力和顽强的意志品质，使自己能够理性地面对现实、学会取舍、冷静地分析问题。

2. 自我管理策略能够释放学生的学习能动性

深度学习具有能动性的特征，要求学生能够自我调节和监控学习的过程。自我管理策略能够帮助学生自主制订合理的学习目标；依据学习目标合理选用学习策略，运用科学、恰当的学习策略完成学习过程；根据学习过程中的评价，搜集反馈信息，及时调整学习策略。

3. 自我管理策略有助于学生掌握多样化的学习方式

深度学习强调系统性、多样化的学习方式，以避免出现碎片化、机械化的浅层学习。学习和掌握自我管理策略，可帮助学生掌握多种学习方式，从而能够制订合理的学习策略，在学习过程中能根据学习内容恰当运用不同的学习方式，使学生的学习走向深层次、高效率。

（三）掌握基于元认知的自我管理策略

元认知是个体对自己认知的认知，对自己认知活动的自我意识、自我评价、自我调节和监控。元认知策略是学生对自己的认知过程及结果的有效监视及控制的学习策略，其中，元认知监控是指认知主体在认知过程中，以自己的认知活动为对象，进行自觉的监督、控制和调节，是形成自我管理策略的核心。

1. 学习元认知计划策略，规划个人学习进程

元认知计划策略是根据认知活动的特定目标，在一项活动之间计划各种活动、预计结果、选择策略、想出解决问题的方法并预计其有效性。

学生应根据深度学习的目标、内容，制订阶段性的学习计划，包括：①设置学科的学习目标，包含自我的成绩目标、知识和能力发展目标等；②学习进程安排，要根据学科课程学习的进程，规划个人的学习内容、学习进度，要求安排好具体的学习时间和学习内容，即规划做什么、何时做。③学习策略设计，主要是根据个人的学习状况，设计不同学科的学习策略和学习方法，以期取得预想的学习成果，达成学习目标。通过制订学习计划，实现对个人学习的目标管理、过程管理、内容管理，可以根据学科和自身特点合理安排自己的学习进程，做到有限的时间精准投放，使之产生更佳的学习效果。

2. 运用元认知监控策略，把控个人学习过程

元认知监控策略是指在认知过程中，根据认知目标及时检测认知过程，寻找两者之间的差异，并对学习过程及时进行调整，以期顺利完成有效学习的策略。

学生在深度学习过程中，要根据学习计划对认知活动全过程的认知行为进行积极的管理和控制，监控计划的执行情况。通过运用自我监视机制，能够发现自己在学习过程中出现的问题，及时进行主动的调节，保证在学习过程中维持积极的学习动机、旺盛的学习兴趣，能够不断地运用科学合理的学习方法，确保学习任务能成功地完成，以便顺利达成学习目标。

3. 采用元认知调节策略，掌握科学的学习方法

元认知调节策略是指在学习过程中根据认知活动监视的结果，及时评价认知过程和认知结果，发现问题，及时调整策略或修正目标。

学生需要根据认知过程中的形成性评价与终结性评价的结果，持续地评价学习过程，对个人的认知活动和认知结果做出恰当的评估，针对存在的问题，能够适时地调整计划、采取相应的补救措施，寻找更为科学、合理的学习方法和学习策略，通过调整学习策略，不断提高学习质量。

因此，在生物学学科的学习中要通过制订计划、控制过程、检查结果及进行补救等环节，实现自我学习的全过程监控，使自己的生物学学科学习符合科学的规律，并一直保持下去，从中增强自我效能感。

综上所述，深度学习策略中的获取信息策略、信息深加工策略、问题解决策略指向学生的认知活动过程，自我管理策略则指向学生的元认知。只要学生在学习过程中践行这些策略，就能够有效促进学生的深度学习，高效提升学习的质量和效益，为学生的终身发展奠定基础。

第三章

指向深度学习的深度教学

　　深度学习是发展学生核心素养的重要途径，学生真正进行深度学习需要建立在教师的深度引导和指导的基础上。崔允漷教授指出，"深度学习必须借由深度教学实现""深度教学为学生深度学习搭建支架，是培育学生核心素养的重要实践路径"。因此，深度学习只有走向深度教学才更具有发展性的意义和价值。着眼于发展学生的学科核心素养、有效促进学生的深度学习，提升教学的深度就成为必然的选择。

第一节　深度教学的基本理念

教与学的一致性决定了深度学习走向深度教学的必然性，教师开展深度教学，需要从知识观、学习观、教师观等方面认识和领悟深度教学的基本理念，并以此指导自己的教学活动，在教学的价值追求、教学过程与教学方式等方面体现出深度教学的核心理念。

一、深度教学的知识观

学科知识是学科教学的核心，知识作为纽带，连接着教师的教和学生的学。走向深度教学应该在以知识为载体的前提下，关注知识的结构、知识的应用、知识的整合、知识的价值等属性，超越知识的符号属性而追求知识的教育价值，树立深度教学的知识观。

（一）追求知识的教育价值

通常意义上，知识是客观事物在人脑中的主观映像，是客观事物的属性与联系的反映。符号是知识的外在形式，是人类表达对客观事物认识、思想及行为的各种记号。所以，知识以符号的形式表达，符号体现出知识的最基本属性。正因为如此，符号成为学生学习的主要对象，也成为教师教学的主要内容。传统知识观认为，知识是人对外在客观世界和独立存在对象的再现性、镜像式表征和映射，"知识被看作精确表象"的集合。[①]强调知识是静态的事实，往往把知识视为结果、定论，导致浅层教学期望通过符号、概念、命题等

---

① 牛宝荣，陈佑清. 基于事件思维的课程知识观及知识教学［J］. 课程·教材·教法，2024，44（3）：31-37.

单纯方式的表征，对知识进行简单、单向的精准传递。在这种知识观的影响下，过分注重知识的符号传递，弱化了知识的情感、意义价值等文化内核，导致在知识学习过程中，过度注重知识的线性累加，造成课堂的学习容量越来越大，学业负担越来越重，导致产生灌输式、机械式重复训练等恶性循环的现象。

但是，事物的性质和关系是事物的属性，知识的属性也就体现在知识与人类事物的性质和关系上。[1]知识作为客观事物的本质属性，形成于人类认识和改造世界的实践活动中。因此，知识除了科学属性外，还具有文化属性、社会属性、辩证属性等。知识蕴含着人类认识世界的思维方式、价值观念、思想观念、情感态度价值观等文化内核，是学科教学的文化价值所在。知识的科学属性是通过知识的内容和逻辑来体现的，主要表现在以下几方面：①知识是关于事物区别与其他事物的内在规定性的明确表述。②知识是对事物的本质的确定性的陈述。③知识是引导人们理解客观事物的一种思想、方法和意义。[2]知识的科学属性要求教师传授正确的知识和正确地传授知识。在深度教学的知识观视域下，知识不仅具有客观性、确定性、普遍性等特征，更具有价值性和意义性；知识不仅仅是用来记忆和理解的，更重要的是它对于个人成长和社会发展的作用和价值。知识的文化属性体现在知识作为人类文化遗产所承载的文化内涵中；知识的社会属性是指知识的社会学特征，是社会存在的反映；知识的辩证属性是由于知识的发展是可探寻、可质疑、可批判的。

知识因人类的社会生活而产生，学习知识不应以对符号知识的占有为目的，深度教学应该超越知识的符号属性，追求知识所蕴涵的学科方法、学科思维方式、学科思想、学科意义与价值等，实现对知识的本质理解，由知识走向核心素养，把核心素养作为教学的宗旨。深度学习追求知识的教育价值，一是落实知识性的教育价值，即通过知识的认知过程，提高学生的认知水平、发展思维能力，这是学科课程的基本任务。二是达成实践性的教育价值，将知识的

---

① 郭元祥. 深度教学——促进学生素养发育的教学变革［M］. 福建：福建教育出版社，2021：98.

② 郭元祥. 深度教学——促进学生素养发育的教学变革［M］. 福建：福建教育出版社，2021：99—100.

学习构成与实践活动相结合，增强学生的实践能力，养成正确的个人行为模式。三是实现情感性的教育价值，以知识的学习奠定学生人生成长的基础，引导学生认识人生的价值，体现知识的意义性。

（二）关注知识的内在结构

学生深刻理解知识的价值意义，需要建立在把握知识的内在结构、建构知识意义的基础上。知识的内在结构包括符号表征、逻辑形式和意义系统三个组成部分。[①]

符号表征是知识具体的、外在的存在形式，反映人类认识世界的成果，任何知识都是以特定的符号作为表征的。逻辑形式是人类认识世界的方式，包括知识构成的逻辑过程和逻辑思维形式。意义系统是知识具有的、能够促进人的思想、情感、价值观发展的力量，体现出知识与个人发展的价值关系。知识的内在结构之间是密切关联、不可分割的。符号表征是知识的外在形式，是形成逻辑形式、建立意义系统的载体；符号表征的形成是系统化思维过程的产物，逻辑形式则体现在知识形成的方式与过程中，通过知识的认知过程获得人生的成长是意义系统的价值所在。学生只有通过对符号表征的认知与探索，获取知识的逻辑形式、领悟知识的意义系统，逻辑形式和意义系统才能体现出来。

所以，意义系统是知识的内核。但如果离开了符号表征，就不能呈现知识，也就谈不上理解知识。没有逻辑形式，就没有知识形成的规则，同样也不能理解知识。没有意义系统，知识就缺失了内隐于符号的价值系统。只有把握住符号、逻辑形式与意义系统之间的内在联系，才能从整体上理解知识和掌握知识。

深度教学的知识观强调符号表征、逻辑形式与意义系统伴随在个人与知识、世界三者的交互中，体现在知识与生活的联系中，将知识的符号表征、逻辑形式与意义系统融为一体，在教学过程中要防止知识要素的人为割裂，且深度教学最为关键的价值在于期待个体能够迁移所学知识内容来解决新的问

---

① 郭元祥. 知识的性质、结构与深度教学 [J]. 课程·教材·教法，2009，29（11）：17-
23.

题。①所以，深度教学的发生要以厘清知识之间的关系为前提，形成知识的系统化与结构化，引导教学从符号教学走向意义性教学、理解性教学，实现符号表征、逻辑形式、意义系统三者的统一。

（三）倡导知识的系统整合

深度教学倡导整合学科知识的内在结构，引导学生通过具体知识的学习，理解具体知识所表征的特性事物和事物的本质及其规律、价值及其意义、思想及其方法、情感及其态度，通过知识理解学生建立起个人与外部世界的内在联系。②因此，深度教学不是停留在对符号本身的占有，而是整合知识结构的三个组成部分，符号表征更多指向事实性知识，逻辑形式则指向概念性知识，从符号表征到逻辑形式，体现了从事实到概念的学习维度，强调从事实入手，让学生与真实情境互动，实质性的形成概念并掌握原理。目的是解决只关注符号表征的浅层教学存在的弊端，引导教学从强化"知识点"记忆走向完整的知识结构教学，将学科思想蕴含在结构化、关联性的知识体系中，实现符号表征、逻辑形式、意义系统之间的高度融合。

深度教学的知识整合还强调学生像专家一样拥有高度结构化的学科知识，并且能够将大量信息按照一定有意义的方式组织起来。这使得他们能够超越表面现象，准确把握情境内在特征或问题的本质结构。③知识的深度整合包括：①学科内的知识整合，即引导学生发现知识的演变规律，在掌握单个知识点的基础上，多角度、全方位地总结、归纳知识间的内在逻辑，将点状的、分散的、扁平化的知识点建构成系统的知识体系。②学科间的知识整合，在运用知识解决真实情境中的问题时，往往需要多学科知识的综合运用。因此，深度教学倡导打破学科壁垒，将不同领域、不同学科的知识融合、关联和整合，从而形成更加全面、深入和系统的知识体系，形成交叉融合、高度结构化的学科知

① 张良.深度教学"深"在哪里？——从知识结构走向知识运用［J］.课程·教材·教法，2019，39（7）：13，34-39.

② 郭元祥.课堂教学改革的基础与方向——兼论深度教学［J］.教育研究与实验，2015，34（6）：1-6.

③ 杨向东.指向学科核心素养的考试命题［J］.全球教育展望，2018，47（10）：39-51.

识。③学科知识与生活经验整合，包括知识与自然现象、社会现象、现实问题等方面，促进学科知识转化为核心素养。

（四）强调知识的实践运用

知识的本质在于支持学习者进行思维，进行创造性的应用、判断与问题解决，进而生成新的知识。①知识的要义在于知识的运用，学生需要将所学知识运用到新的学习环境中或是在真实情境中来解决遇到的具体问题。因此，提高知识运用能力是教学责无旁贷的责任。深度教学强调运用知识和技能在真实情境中解决问题，在运用知识解决问题的过程中，发展高阶思维能力，培养学生的合作精神、交往能力，同时为学生的心智成长提供直接的经验。所以，深度教学就是结构化学科知识的灵活运用、自主迁移，通过问题解决，满足复杂情境的挑战与需要，建构个人知识，生成素养或高阶思维的过程。②

学生要将学科知识转化为核心素养，需要灵活运用结构化的知识解决复杂问题。所以，学科知识的结构化是学生运用知识解决问题的条件与基础，知识运用是知识结构化的目的。深度教学强调知识结构与知识应用的一体化整合，以结构化的学科知识为基础，在运用知识解决现实问题中，发展学科观念和思维方式，最终指向核心素养的发展。

二、深度教学的学习观

知识学习的重要目的是分享人类文明的文化和思想遗产，并建立个人的知识体系，从而认识世界。知识的形成过程，是人的个性化成长的必经过程。知识的学习过程不仅是通过知识来认识世界，更是建立价值观念、形成思维方式、树立思想意识的过程。因此，深度教学的价值在于把教学从关注知识符号的传递转向关注知识的意义价值的教育，强调知识的发展性，关注知识的产生、发展和变化过程，倡导理解知识的本质和内在逻辑。

---

① 阿尔弗雷德·怀特海. 教育的目的（汉英双语版）[M]. 靳玉乐，等译. 北京：中国轻工业出版社，2016：36.

② 张良. 深度教学"深"在哪里？——从知识结构走向知识运用[J]. 课程·教材·教法，2019，39（7）：13，34-39.

深度教学提出"学习是学生精神发育过程"的主张，建立起"三境界五层次"的学习结构观，即达至理解、表达和意义三个学习境界，将知识学习导向科学认知、技术体验、社会参与、文化觉醒和生命体悟五种层次，实现"学习的充分广度、学习的充分深度、学习的充分关联度"，是实现知识学习的发展价值的根本保证。[①]

（一）学习的价值在于促进核心素养的发展

知识的学习往往被认为是学科知识的认知过程，是在学校的规范课堂上所开展的活动等。在"升学率"重压之下的"功利化教学"，形成了单向度、工具化、程序化、功利化的学习观，把学习当作简单的知识加工，依靠简单的机械记忆、重复的习题训练，把取得考试的高分数作为教学的根本目的。这就窄化和矮化了学习的内涵，滋生了"表面教学""表层教学"和"表演教学"，使学习变得单调，不能很好地体现出学习对学生发展的应有价值。[②]

学习是通过对符号的感知、认识、理解，直至接受、应用、传递，完成对符号的意义建构。所以，符号表征是学生学习的基础，但不是学习的全部。知识学习并不能止于符号，必须超越符号，追求知识学习的意义创生，学习应该是复杂的、深层次、多向度的意义建构活动。深度教学是以知识的学习为载体，在学习活动中达成知识与经验、知识与社会、知识与情感进行融合，来建立自我与外部世界的联系，理解外部世界的本质与规律，在理解与反思中实现知识的意义建构。[③]深度教学通过建立知识学习与学生核心素养发展的意义联结，获取知识符号对于学生成长的意义，追求知识的教育价值。

（二）知识的学习是意义的建构过程

学习过程不仅是知识的加工过程，更是以认知活动为基础的理解过程，是以情感活动为基础的发展过程。聚焦知识生成的学习过程，实现复杂的、深层

① 郭元祥. 论学习观的变革：学习的边界、境界与层次 ［J］. 教育研究与实验，2018，37（1）：1–11.
② 同①。
③ 郭元祥. 深度教学——促进学生素养发育的教学变革 ［M］. 福建：福建教育出版社，2021：117.

次的、多向度的意义建构，成为深度教学的根本方式。

深度教学强调：①关注学习过程的完整性。学生的学习应该有完整的认知过程，完成对知识的符号表征、形象表征、概念学习、意义建构四个阶段，任何"去过程"的学习都是对学习本质属性的漠视。②重视学习过程的价值体现。在感性认识的基础上，进行思维和想象，来理解自身精神和外部世界，使知识成为学生提升自我的素材，而知识的学习过程变成学生认识外部世界的渠道。③强调学习过程的实践性。学生需要通过以体验、探究等学习方式参与实践活动，在生活实际、社会实践、生产实际中获得知识的意义与价值，使学习过程成为建构知识意义和人生意义的过程。

（三）学习的深度取决于知识理解的深度

深度教学认为理解是学习的根本基础，学生对知识的理解和运用比单纯的记忆和掌握更重要，学习的深度在于知识理解的深度和知识转化的深度。因此，学生的学习要聚焦对知识的理解和运用，要理解事物及其本质、理解逻辑及思想、理解关系及规律、理解他人与自我、理解意义及价值。这样，可以从符号理解到现象理解，再到概念理解、本质理解，最后上升为意义理解，使学生的理解层次渐进发展，从最浅层的事物表面到事物的本质，逐渐深入逻辑关系层面，最终获取事物的意义，这样的学习对于学生自身的发展就有了价值。

三、深度教学的教师观

深度教学认为学生是知识的建构者，而教师的任务是引导学生主动建构知识。因此，在深度教学中，教师不是简单的知识搬运工，不是单纯的知识传授者，教师要摒弃知识灌输者的角色，做知识研究者、情境创设者，成为促进学生深度学习的引导者和激励者。

（一）教师是实施深度教学的主体

深度教学重视学生学习的自主发生，但是，学生的深度学习需要在教师的深度指导、引导下才能真正发生，否则，只能是学生的自学。在中学生物学课程中，学生的自学很难达到深度学习的水平。所以，教师应该是课程实施的主体，是开展深度教学的主体。

教师的深度教学以发展学生的核心素养为中心，从学生的实际出发、从学生的需要出发、从学生的发展出发。教师要在遵循课程标准的要求、尊重教材的内容体系等前提下，根据学生核心素养发展的需求，选择、整合教学内容，优化、组合教学方式，来开展深度教学。教师要将个人的学科专业知识、思维方式和学科思想，以及个人有益的人生经验和感悟等有机地融入教学内容之中，以帮助学生的成长。

教师在深度教学中，要提出具有挑战性的问题，引导学生去探究、去解决，在解决过程中实现知识的建构，并提高学生的思维水平，激发学生的学习兴趣。学生不是知识的被动接受者，要积极主动地进行深度思考，通过分析问题、提出假设、找出解决方案，并对解决方案进行评估，尝试用所学的知识解决问题。

因此，深度教学的有效实施依赖于教师。教师作为深度教学的执行者，在对话、沟通、合作等多种形式的交互中实现师生关系的良性发展，达成良好的教学效果。

（二）教师要具有课程生成的意识

深度学习是学生的一种主动的、高投入的、理解记忆的、涉及高阶思维的，并且学习结果迁移性强的学习状态和学习过程。[1]因此，深度教学的内容及其过程，就不是一个静止的、可以完全预设的、没有变化的教学过程。教师在开展深度教学的过程中，要调动学生的充分参与，关注学生在学习过程中的问题生成与问题解决。"一讲到底""满堂灌""以教带学"等教学模式容易使学习者的理解程度仅停留于浅层学习水平，机械记忆与简单加工成为主要的认知手段。[2]

教师要通过综合性教学情境的创设和利用，引发学生深度体验，生成积极经验，培养实践创新精神，促进师生之间在"对话、交流、合作的基础上进行

---

① 郭元祥.深度教学——促进学生素养发育的教学变革［M］.福建，福建教育出版社，2021：7.
② 罗祖兵."过度教导"的危害与矫正对策［J］.课程·教材·教法，2013，33（10）：22-28.

文化知识的传承和创新"，[1]并实现学生发展核心素养的培育。在解决问题的过程中，教师帮助学生更好地理解知识、掌握知识，提高学生的理解能力；要引导学生对信息进行分析、评价和推理，形成自己的观点，发展学生的批判性思维能力；要促进学生将所学知识迁移应用到实际生活中，解决现实问题，培养学生解决问题的能力。

总之，深度教学注重知识的动态生成与意义建构，引导学生在不断发现问题、解决问题的过程中习得新知识，并将新知识应用到实际生活中，创造新的价值，最终目标是让学生成为具有创新精神和实践能力的终身学习者。

（三）教师是教学资源的开发者

教师开展教学的主要材料源自教材。但是，教材仅仅是课程的重要载体，是课程实施的一种文本性资源，不是课程的全部内容。仅仅依靠教材实施教学，是不可能实现学科教育的全部价值。因此，教师需要努力开发和充分利用各种课程资源，为更新教学手段、改进教学方法、实现教学行为的创新提供有力的保障。同时，丰富的教学资源，也能激发学生参与学习的积极性，为学生主动投入理解性学习奠定基础。

教师开发和利用的课程资源应该具有：①课程资源的来源具有真实性。开发和利用的课程资源应该来源于生产、生活、科学研究等，能够链接课堂与现实。立足深度教学的课堂，精髓便是真实性。②课程资源的形式具有多样性。课程资源的形式应该丰富多彩又具有针对性。可以是生活中的切身体验、生产中面临的问题、科研中的鲜活案例、教学过程中生发的思维困境等，它们多种多样、精彩绝伦，让学生感到好奇，感到憧憬，感到困惑，有马上进入学习之中的冲动和激情。③课程资源的内容具有意义性。开发和利用的课程资源具有学科知识的属性，是思维培养的载体，最终能使思想和方法进阶。教师可以从积极的态度、核心的价值、向上的意义等角度，引导学生从课程资源中获取有用的信息，领悟其中的意义价值，帮助学生做出理性解释和判断，解决生产生活中的问题。④课程资源蕴含着挑战性。教师可以利用课程资源，为学生设置

---

[1] 李森. 现代教学论纲要［M］. 北京：人民教育出版社，2005：6.

具有挑战性的学习任务。这些任务能让学生充分发挥主观能动性、竭尽全力去解决问题；能充分体现尊重学生的智慧和能力；能充分调动学生通过自主学习、合作学习和探究学习等方式，通过论辩、质疑、批判、协作来解决问题，从而使学生获得克服困难的勇气，收获成功的喜悦。最终达成深度教学所追求的知识学习的广度、深度和整合度。

深度教学不单单是一种教学策略、教学方法或教学手段，而更倾向于一种教学理念，深度教学的教学理念倾注了对学生发展性和丰富性的要求，凝聚了对学生生命成长的关注，渗透着对课堂教学发展性品质的追求，指明了未来课堂教学改革的真正方向。①

---

① 伍远岳. 论深度教学：内涵、特征与标准［J］. 教育研究与实验，2017，36（4）：58—65.

第二节　深度教学的意涵

郭元祥教授对"深度教学"的定义是：超越知识的对象化学习，追求教学发展性和内在质量的教学理念。深度教学是一套旨在促进学生发展的教学理念和教学策略。[①]与表面教学、表层教学、表演教学等浅层教学相比，深度教学的"深度"体现在：深在学生参与，倡导主动、积极；深在课程内容，倡导知其所以然；深在学习任务，倡导挑战性、高投入；深在学习过程，倡导问题解决、知识运用与创新；深在学习结果走向批判、创造等高阶思维，或整合认知与非认知的割裂，发展情感、价值观或追寻意义。[②]

一、深度教学是指向学科价值的意义性教学

表层教学过度强调知识作为符号的表达方式的重要性，漠视知识本身具有的文化属性和文化内涵，其教学仅仅关注知识的传授和技能的训练，无法展现学科知识的本质，更不能体现学科课程的育人价值，难以进入学生的精神成长和意义建构领域，无法对学生产生持续而深远的影响。因此，浅层教学是教师将自己建构的知识及其所谓的意义强行移植到学生头脑中的教学。

生物学知识不仅有本身所展现的生物学理论等具有学科特性的符号属性与表现形式，更重要的是通过知识符号所展现出的学科方法、学科思想、学科精神等科学价值，以及蕴含在符号背后的文化意蕴，这是人类对生命世界的认知

① 郭元祥. 深度学习——促进学生素养发育的教学变革［M］. 福州：福建教育出版社，2021：21.
② 张良. 深度教学"深"在哪里？——从知识建构走向知识运用［J］. 课程·教材·教法，2019，39（7）：34-39.

和感悟，是生物学知识所承载的文化内涵，体现出生物学课程的文化价值。科学价值和文化价值是生物学知识的内核，体现出生物学知识的灵魂，是学习生物学的意义所在。生物学课程的宗旨是提高学生生物学学科核心素养，体现生物学课程的育人价值。因此，深度教学的"深度"体现在学科课程教学价值达成的深度，深度教学的核心追求应该指向促进学生自主建构知识的意义。学生建构起来的深层"意义"包括：一是知识层面的"意义"，在生物学课程中，知识层面的意义即是知识的文本意义，可以包括知识的产生与来源、事物的本质及规律、学科的方法与思想和知识的关系与结构等方面，反映的是生物学的学科本质，是学生通过生物学知识的学习而获得的关于生命世界、生命现象的意义，体现出生物学学科本身的价值内涵。二是生命层面的"意义"，是通过知识学习获得关于生命的意义，是知识对于人的发展意义，主要包括需要与兴趣、愿望与理想、意识与思想、情感与精神、价值与信念五个方面。[1]知识层面的意义和生命层面的意义共同形成了生物学课程的完整意义结构。深度教学旨在追求知识对于学生成长的意义性，为意义而教。

从知识层面来理解，深度教学的意义性体现在知识不断完善的过程中。[2]一方面，知识的产生往往有特殊的背景，是人们以已有认知水平为基础，结合当时具有的经验，在解决所面临的问题中逐渐发展而形成的。因此，教学中的知识是不断发展的，并不是绝对的、一成不变的。发展过程中的"诱因"都是知识产生的基础，是知识能够生长的肥沃"土壤"。诱发知识的生成与发展的各种因素，都能促使深度学习的发生。深度教学需要再现知识的产生与发展过程，引导学生对特定背景下的"土壤"进行挖掘，促进学生沿着知识的发展过程更好地理解和建构知识，使知识的建构过程与建构结果具有意义。另一方面，任何学科的知识都不是孤立的、碎片化的，深度教学是通过丰富的教学活动，引导学生在参与、体验、探究和理解的基础上，通过思维导图、概念图、知识结构图等多元化的方式，准确把握知识之间的本质关联。以大量的基本事

---

① 李松林. 深度教学的四个基本命题 [J]. 教育理论与实践，2017，37（20）：7-10.

② 卓晓孟. 意义增值：知识教学的深度诉求 [J]. 四川师范大学学报（社会科学版），2022，49（4）：134-143.

实、基本概念、基本规律和原理支撑次位概念建构，以次位概念整理归纳建构重要概念，再从重要概念中抽象概括形成大概念，充分揭示概念之间的内在逻辑关系，实现知识之间的有效联结，构建知识的层级结构。此外，解决许多真实问题都需要跨学科的知识，教师既要进行纵向的学科内关联，也要引导学生利用跨学科思维进行学科间的横向关联，以网络化的方式呈现知识体系。核心目的是建立知识的结构体系，引导学生领悟生物学学科方法与学科思想。

从生命层次来理解，深度教学的意义性体现在生命层次的价值建构中：①深度教学指导学生观察五彩缤纷的生物世界、纷繁复杂的生命现象，探索其背后蕴含的生物学概念、规律与原理，帮助学生透过生命现象把握生命本质。②深度教学引导学生透过生物体的局部把握整体，建立局部与整体在结构与功能等方面的逻辑关系，建立生命的系统观。③深度教学引领学生透过生物学事实认识生命的价值，感悟生物学知识对学生终身发展的影响，使学生理解生物学知识的功能、作用及知识背后所蕴含的情感、态度与价值观，真正领悟生物学知识的作用与价值。所以，深度教学的"意义性"指向的是教学内容、教学活动、教学过程对于学生生命成长和精神发育的发展价值。在深度教学中，符号教学与意义教学是统一的，目标是培养有知识的智慧人，体现在知识层面与生命层面的协调发展。教学活动强调知识的学习与学生的发展相适应，构建知识学习与学生发展之间的意义关联，实现人的精神发展，从而打破教学世界与生活世界的割裂，实现生活经验、情感与教学相融共生。

二、深度教学是注重思维逻辑的理解性教学

浅层教学期望以简单重复的教与学活动达到预期的教学效果，常常表现出灌输知识的教学行为，仅仅把知识作为事实和结论，以陈述的方式告诉或传递给学生，要求学生采用死记硬背、机械训练等学习方式，接受与记忆知识的符号。因此，知识成为符号而被学生接受，学习结果只可能是对符号的接受和积累，无法达成对知识意义理解和文化内涵的感悟。所以，引导学生理解生物学知识的文化内涵，是深度学习的根本起点。

建构知识的意义需要以理解知识为前提，理解是深度学习的根本，为理解而教是深度教学的本质诉求。学生在深度学习中对知识的认知加工，是对生物

学知识的深度理解和领悟，所掌握的知识深度是知识的价值深度和意义深度。因此，深度教学需要依据知识的逻辑根据、思维方法，建构知识的深层意义，使深度教学成为追求深层意义的理解性教学。所以，理解性是深度教学的基本特征，以理解为基础的探究、体验、反思等学习活动，真正成为内化知识文化价值的学习方式。

激发学生的思维是走向理解知识的基础，引领学生在自主获取知识、建构知识意义的过程中，发展逻辑思维能力，是理解的关键所在。深度教学倡导学生作为学习主体进行知识的自主建构，在知识建构中达成对知识内涵、知识结构、知识意义的深度理解，在理解中体验丰富的情感、产生价值的感悟，实现对知识价值理解的完整性、丰富性、多元性。因此，深度教学指向"理解性"，首先引导学生充分掌握知识的广度，包括知识的内涵、知识的背景、知识的条件、知识的学科历史与发展路径，等等。需要指导学生从理解知识的符号表征走向知识的内涵，这是深度教学的前提。例如，"DNA"与"脱氧核糖核酸"作为概念的术语，是具有生物学特色的知识符号，如何引导学生理解其表达的信息，使学生能够走进遗传学的世界，是开展有关"遗传"内容的深度教学的关键。所以，深度教学作为理解性教学，追求的并不是单纯知识性灌输式记忆，而是在教学中积极引导学生进入知识的本质，把握知识所揭示的经验、事实和现象之间的内在联系。

其次，深度教学的"理解性"是要帮助学生领悟知识的深度，包括知识内在的逻辑性、学科思想和学科方法等。要从知识的内化和建构过程建立新旧经验之间的联结、经验与知识之间的联结，通过归纳与演绎、分析和综合、分类和类比、模型与建模等思维过程，将大量的事实、经验和现象等概括、抽象和符号化成为生物学概念。还要进一步研究生物学现象之间的相互关系和遵循的规律，以揭示生物系统的运行机制和演化过程，理解生命现象之间的关系与规律，建立起学科知识的逻辑性，在逻辑性的过程中体会丰富的生物学科学思想，如结构与功能观思想、信息与调节观思想、进化思想、生态平衡思想等，从逻辑性的建立帮助形成生物学的思想。这样，学生对知识"深度理解"体现在建立局部与整体协调统一的基本观念，比如，某个细胞器（如线粒体）在细胞内的功能异常，导致整个细胞的代谢活动受到影响，最终影响到整个生物的生长和发育。学生能够从细胞器的角度出发，逐步理解细胞内部各个组成部分之间的相互关系，以及局部功能如何影响整个生物体的生命活动，培养整体思维和系统观念，从而更好地理解生物体系的复杂性和互相依存的关系。学生的"理解性"更体现在能够透过生命现象去感悟生命本质，比如某种植物种群数量急剧下降，导致整个生态系统的平衡受到影响。学生能够通过观察和推理，从表面现象中找到植物种群数量下降的原因，进而理解生态系统中各种生物之间相互依存的关系。学生建立起的逻辑思维系统，能够帮助他们在生物学事实的基础上，把握住生物学中的本质规律，领悟知识所蕴含的学科思维和学科方法体系。

再次，深度教学的"理解性"是引领学生领悟知识的关联度，包括知识与文化、知识与社会、知识与人类的联系等。一是体现在引导学生基于生物学知识去认同生物学社会价值的过程，比如，科学家利用基因工程技术成功改良了某种作物，使其具有抗病虫害的能力，从而提高了农作物的产量和质量。基于这一事实，深入探讨基因工程技术对农业生产和食品安全的影响，分析改良作物的优点和潜在风险，学生可以理解到基因工程技术在农业领域中的应用所带来的积极和负面影响，从而认识到科学技术发展对社会和环境的重要性。二是体现在引导学生基于生物学发展史认识学科思想的发展对人类文化的影响，比如，通过学习达尔文的《物种起源》等著作，了解达尔文的进化理论的历史背景、提出和发展过程，体会达尔文是如何通过观察自然界中的现象和生物多样性，提出了物种演化的理论。通过讨论进化在生物学领域中的影响与应用，来理解进化理论对现代生物学的重要性。这有助于培养学生对科学思维和方法的理解，使他们能够更好地应用科学知识解决现实生活中的问题。进而领悟进化思想对人类文明发展的巨大影响，理解科学与文明发展的关系。引导学生通过理解知识的符号、逻辑和思想，把握知识所表达的思想和情感，真正领悟学科知识的意义与价值，帮助其树立正确的人生观、价值观和世界观。

理解是教学的基础，没有理解就没有提升，也就没有发展。深度教学的"理解性"是学生运用已有知识经验，来认识新生事物以把握其本质、规律的思维活动；是以学生为主体，通过追求对知识的理解，体验丰富的情感，获得精神上的成长与感悟。深度教学的理解性强调超越对以符号为代表的表层知识的理解，进入到领悟知识的科学价值、文化价值的境界，是对生物学知识文化内核的真正理解。

三、深度教学是倡导体验过程的生成性教学

学生的深度学习是自主建构知识的过程，亦是思维发展和意义生成的过程，更是情感体验的过程，这意味着在学习的过程中，学生的体验是非常重要的。所以，深度教学注重学生在教与学的过程中体会、感受与体验，引导学生主动、深度参与到教与学的过程，追求学生在学习过程中自主建构知识、深度参与知识的生成与发展，丰富学生的过程体验，实现思维的高阶活动。

深度教学关注学生学习过程的体验性，一是关注学生对学习情境的体验性。知识的诞生往往都有其特定的社会背景、文化背景、历史背景、自然背景，是人类特定思维方式的产物，所以知识的内涵及意义与其产生的背景有着强烈的依存性。如果教学活动把知识从其赖以存在的背景中剥离出来，知识将脱离其逻辑体系，丧失其应有的意义性，成为无根基的概念知识，变成了无意义的、纯粹性的符号。因此，学生知识的建构依赖于情境，需要结合个人经验亲身体验知识产生的背景，在情境中实现意义建构。二是关注思维活动的体验性，倡导学生在知识学习的活动中要经历和感悟分析与综合、归纳与演绎、类比与比较等各种思维活动，尤其是要体验积极、主动的高阶思维活动，扩大思维活动的广度与深度，使思维活动的深度成为深度教学的重要标志。三是关注学生在深度学习过程中丰富的情感体验，期望深度教学能够创造积极向上的情感氛围，引导学生对学习过程的深度投入，使学生迸发出主动参与的学习热情，使深度教学过程成为学生产生积极、主动的情感体验的过程。

深度教学注重学科知识的建构性，强调知识是学生在一定的情境即社会文化背景下，借助其他人的帮助，利用必要的学习资料，通过意义建构的方式而获得。深度教学就是帮助学生在学习过程中亲身体验知识的产生过程，认识事物的性质、规律及事物之间的内在联系，实现知识的自主建构和知识意义的生成，从而达成对知识深刻的理解。

深度教学强调，知识不是简单传授、倾倒给学生，而是依照教学规律，循序渐进地建构起来的，学生建构知识需要有一定的次序。因此，知识的建构要

体现出过程性、层次性和渐进性。首先，知识的建构要基于学生的已有水平，即学生在未进行学习前具有的知识和能力水平，尤其是前概念的水平，保证知识的学习能有坚实的基础，使学生能够完成知识的自主建构。其次，知识学习的深度与广度要适合学生的潜在发展水平，体现出层次性。即设置合理的学习目标，让学生通过挑战自己和充分调动自己的潜力而最终可能达到的水平，避免出现过高的期望值，使学生难以达成。最后，学习过程要有渐进性，依据学生的认知规律和建构障碍，在已有水平和潜在发展水平之间设置多个中间水平的学习进阶"阶梯"，作为学生学习"拾级而上"的发展路径，为深度教学搭建持续性建构的"支点"或"阶梯"。这是因为知识具有复杂性、抽象性和概括性，学习的深度不可能一步到位，需要逐层推进、逐步深化。所以，深度教学是具有过程性、层次性和渐进性的"阶梯式"知识建构过程，比如，根据知识层面包括事实性知识、概念性知识、程序性知识、反省性知识四个维度，在其建构过程中，往往由事实性知识建构得到概念性知识，进而发展到程序性知识和反省性知识。在认知水平上，认知的过程往往从记忆开始，逐步进阶到理解、运用、分析、评价和创造等水平，实现由低阶到高阶的发展。学生的深度学习过程，其知识水平的发展应与认知能力的发展相契合，不同维度的知识获取往往匹配不同的认知水平，在满足低层次认知（比如记忆和理解）前提下，注重达成较高的认知层次（比如应用、分析、评价和创造），最终实现建构自我意义的价值水平。所以，深度教学是注重知识生成、强调在学习体验中自主建构、具有进阶性的教学活动。

四、深度教学是重视自我发展的反思性教学

反思是师生对教与学的过程、教与学的方式、学生的学习结果进行的审视与反省，是探究师生自身的发展与成长过程的重要活动。深度教学的反思包括学生对自我学习的反思和教师对教学活动的反思。

教师要引导学生对自身学习过程、学习方式、学习效果进行反思，运用元认知理论对学习过程中知识是否理解、方法是否掌握、体系是否架构、迁移是否顺畅、能力是否提升、情感是否体验等的自我总结和审查，以监测学习过程是否真实发生、学习方式是否合理和科学、学习目标是否达成、学习成果是

否高效。反思要体现出"深度"，能够通过反思促进学生的成长与发展。一是阶段性反思自己的学习目标及其达成度，以持续激发学习的内动力，从而更好地实现自己的学习意义和人生价值。二是及时检视知识的学习过程，反思自己的理解深度。检视认知过程是否通过感知接受外界信息，对感知的信息进行加工和归纳、概括成为概念，从而引导学生透过现象把握事物本质与知识内核，帮助学生达到对知识的真正理解。三是反思思维的深度及其水平。检测能否通过各种思维方式对知识的加工和运用，进行推理、分析和综合；能否通过对知识的整合和创造性思维，提出新的见解或认识，推动对知识的理解不断发展。进而引导学生运用批判思维对现有知识或者其他同伴的观点、见解等进行对话和质疑，帮助学生养成质疑的意识、批判的意识和创新的意识。激发批判性思维和创新能力，有助于打破思维定式，开阔视野，为知识的持续发展和完善提供新的思路和动力。四是反思学习的方式与学习策略。引导学生通过"每课小结、每日反思、每周整理"等程序性的总结和反思方式，对自己的学习过程与学习方法进行反省，从而不断优化自己的学习过程与学习方法，调整学习策略，从而真正解决知识理解、能力转化、问题解决中的疑点和难点。五是评估和反思自己的学习效果，从而不断调整学习方法和策略，发展自己的学习能力，提高学习效果。

教师也要对自己的教学过程进行深度反思。一是检视教学目标的达成度，反思自身教学活动是否实现学科教学的价值和意义，促使教师不断地思考教育的本质和意义，从而更好地为学生提供教育服务。二是思考如何激发学生的学习兴趣和创新能力，改进教学策略。三是评估和反思自己的教学方法和效果，从而不断地优化教学过程和教学方法，促进学生更好地理解和掌握知识，提高教学效果。四是如何更好地给学生提供学习资源，帮助学生改进学习方式和学习策略。

总之，深度教学的核心是促进知识的价值体现。深度教学之"深"是教学价值和教学目标达成的"深度"，体现在意义达成的"深度"；深度教学之"深"是知识处理与知识理解的"深度"，反映出理解程度的"深度"与反思程度的"深度"；深度教学之"深"是学习过程与学习方式的"深度"，显示出建构过程的"深度"。深度教学就是要引导学生进入学科的深处，使其领悟和把握学科的精髓和灵魂，让教学走向更深刻、更深入的水平。

第四章

聚焦学科核心素养发展的
深度教学实践

深度教学聚焦学生的核心素养发展，是有意义的教学；深度教学能触及学科的本质内核，是有思维的教学；深度教学能促进教与学的深度融合，是有交互的教学；深度教学能激发学生的自主建构，是有理解的教学。教师需要从学生观、教师观、教学观等方面深刻领悟深度学习的本质属性，在实践中努力探索深度教学的课堂教学策略。

第一节　基于深度教学的教学设计

教学设计主要是以促进学习者的学习为根本目的，运用系统方法，将学习理论与教学理论等相关原理转换成对教学目标、教学内容、教学方法和教学策略、教学评价等环节进行具体计划，创设有效的教与学的"过程"或"程序"。①因此，教学设计又称为教学系统设计。深度教学设计需要从教学目标的意义性、教学内容的结构性、教学方法的多样性和教学评价的有效性等方面探索课堂教与学方式的变革，真正落实指向发展学生学科核心素养的深度教学，引导学生从符号学习走向领悟学科思想、掌握学科方法和感悟学科意义的学习。

一、深度教学设计的意涵

深度教学设计是指基于学科概念、命题与理论等事实性知识揭示、阐释学科事实性知识背后的学科方法、思想与思维及其价值旨趣；或者说，深度教学设计立足学科的方法、思想与思维及其价值旨趣来统筹、贯通学科的概念、命题与理论。②

深度教学追求的是促进学生核心素养发展的意义性教学、理解性教学和生成性教学，意义是教学的根本价值标准，理解是教学的根本基础，生成是教学的根本方式。③深度教学之"深度"就体现在教学目标达成的深度、知识理解和运用的深度、教与学融合的深度等。因此，深度教学设计具有以下特点。

---

① 何克抗，林君芬，张文兰.教学系统设计［M］.2版.北京：高等教育出版社，2016：4.
② 李润州.指向学科核心素养的教学设计［J］.课程·教材·教法，2018，38（7）：35-40.
③ 郭元祥."深度教学"——指向学科育人的教学改革实验［J］.中小学管理，2021（5）：18-21.

1. 指向核心素养的教学目标

深度教学的宗旨是指向学生学科核心素养的发展，以充分体现学科教学的价值。因此，相较于侧重于知识的机械记忆与简单应用的浅层教学，深度教学的教学目标具有全面性、综合性、高层次性等特点。全面性是指深度教学的教学目标涵盖生物学学科核心素养中生命观念、科学思维、科学探究、社会责任等四个维度，充分体现生物学课程教学的宗旨。综合性是指教学目标体现出学科核心素养不同维度之间的相互融合，一个教学目标可能包含多个核心素养的组成要素，是对知识、能力、态度或价值观等方面的整体要求。高层次性是指在知识认识水平上注重知识的深刻理解和知识的迁移应用，思维发展水平更多地指向应用、分析、评价、创造等高阶思维。

 案 例

"种群特征"的教学设计与实施①

2. 教学目标

基于课程标准的内容要求、学业要求和学业质量标准，着眼于提高学生生物学学科核心素养的要求，制订以下教学目标。

（1）列举种群的基本特征，阐明"种群"概念的内涵，区别"个体"与"种群"在生命结构层次的本质差异。

（2）基于相关实证材料，运用归纳、推理、概括等思维方法，阐释种群的数量特征影响种群数量变化的规律性。

（3）通过建构种群数量变化的知识结构图，运用建模的思维方法得出种群数量特征之间的逻辑关系，论证种群数量的规律性变化，探讨影响种群数量变化的各种因素。

（4）基于对种群数量变化的认识，在生物与环境的层面形成"稳态与平衡观"，增强生态与环保意识。

---

① 赵广宇，刘霞. "种群的特征"的教学设计与实施［J］. 生物学通报，2022，57（2）：21-24.

2. 揭示知识本质的教学内容

深度教学注重知识的意义建构和迁移应用，在教学内容的组织与设计上，首先是指向知识的深入思考和深层理解，以领悟知识的学科本质属性；其次是建立知识的多元联接和整合，强调新知识之间的逻辑整合、新知识与已有知识之间的有机整合，体现知识的意义性、逻辑性、整体性和结构化；第三是结构化的知识体系中渗透学科思想和方法，充分体现蕴含在符号事实中丰富的学科育人价值。

案例

"种群特征"的教学设计与实施[①]

"种群的特征"教学内容的组织和设计：

围绕种群的概念，以种群数量特征为主线，将种群的数量特征、空间特征、遗传特征等学习内容有机地整合在一起，使学生在已有种群概念的基础上，从生态学的角度认识种群的概念，全面理解种群的概念与特征，领悟种群在整个生命系统中的地位；并以种群密度为核心，建立种群特征之间的逻辑关系，以真正理解种群的生态学内涵，深刻理解种群作为生命系统的结构单位，以及在研究生物与环境之间关系的价值（见图4-1）。

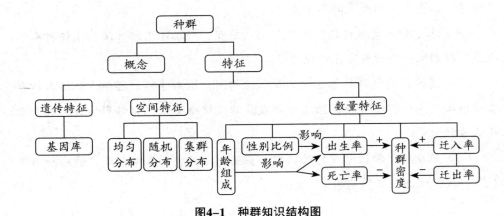

图4-1 种群知识结构图

---

① 赵广宇，刘霞."种群的特征"的教学设计与实施 [J]. 生物学通报，2022，57（2）：21-24.

3. 强调自主建构的教学过程

深度学习倡导学习真实地发生，学生真实地发展。深度教学过程体现出教师引导下，学生通过多样化的学习方式完成知识的自主建构和反思，指向真实情境中的问题解决；同时，教师的"教"与学生的"学"交融互动，进行充分的思维交流。

 案例

指向科学思维的"DNA的复制"论证式教学设计与实施[①]

教学过程的设计：

采用论证式教学的方式，引导学生自主建构"DNA复制"的相关概念与原理：首先以细胞增殖为基础，通过类比推理自主建构"DNA复制"的概念。然后，引导学生通过科学论证探索DNA分子复制的方式。学生基于DNA分子结构及复制的概念，提出有关复制方式的猜测，并采用模型建构、资料分析等方式，经过推理、分析、辩驳，弄清"DNA复制"的基本原理。再运用有丝分裂的模型，帮助学生认识DNA分子在亲、子代细胞中的传递，从而理解DNA复制的意义。最后建构有关DNA复制的概念图，建立完整的知识体系。具体教学过程包括：①回顾已有知识，导入学习课题。②建立新、旧知识联系，推理建构复制概念。③依据模型提出假设，实验结果验证结论：运用模型推理，提出复制假说；分析实验结果，科学论证假说。④自主建构概念图，建立完整知识体系。

4. 基于学生发展的教学评价

深度教学的教学评价，聚焦学生生物学学科核心素养的发展，重点关注教学目标的达成度。深度教学的教学评价秉承"学习的意义感、学习的自我感、学习的效能感"的评价理念，既要设计对学生学习的结果性评价，也要设计对学生学习的过程性评价，尤其是针对学生的学习过程，加强学习质量的过程监

---

① 赵广宇，刘霞. 指向科学思维的"DNA的复制"论证式教学设计与实施［J］. 生物学通报，2023，58（3）：47-51.

测，诊断和消除学生学习过程中的"疑点、难点"。[①]同时，教学评价的形式应多元化，关注学生的个性化成长，通过评价促进学生学科核心素养的发展。

案例

基于概念学习进阶与论证探究整合的教学实践

——以"降低化学反应活化能的酶"概念教学为例[②]

评价方案设计：依据素养目标设计评价方案，能够将目标达成明朗化，导向教师教的行为和学生学的行为。为此，制订评价方案。

表4-1　降低化学反应活化能的酶

评价内容	评价标准	目标达成的证据	评价任务	评价方式
论证探究1和2	1. 能够在探究活动中体现出正确的实验操作并得出科学的结论 2. 能够在小组合作中主动交流、解释现象，提出疑问 3. 能够归纳科学事实1和事实2，转变前概念，达到概念进阶点1和概念进阶点2	1. 规范操作，完成实验 2. 作业情况	操作性任务	课堂提问 小组汇报 实验操作 课堂练习
论证探究3	1. 能够利用科学的实验原理和方法设计实验方案并实施 2. 能够分析实验数据，归纳得出实验结论 3. 能够归纳科学事实3，达到概念进阶点3	1. 实验报告 2. 成果展示 3. 作业情况		

---

① 郭元祥. "深度教学"：指向学科育人的教学改革实验［J］. 中小学管理，2021（5）：18-21.

② 张佳，谢庆余. 基于概念学习进阶与论证探究整合的教学实践——以"降低化学反应活化能的酶"概念教学为例［J］. 中学生物教学，2023，447（5）：30-33.

评价内容	评价标准	目标达成的证据	评价任务	评价方式
论证探究 4和5	1. 能够针对实验数据的误差提出问题，分析影响实验结果的关键因素 2. 能够运用科学的实验原理和方法设计实验方案，探究温度和pH对糖化淀粉酶的影响 3. 能够利用图表记录并分析实验数据，归纳"温度和pH影响酶活性"的概念，达到概念进阶点4和概念进阶点5 4. 能够归纳建构次位概念	1. 实验报告 2. 成果展示 3. 作业情况	表达性任务	

另外，还将多种评价方式浸润在教学的过程中，确保不同水平的学生在概念学习进阶和论证探究活动中都能有所发展。教师在课堂教学中采用多元化的评价手段，如课堂提问、小组汇报、实验操作和课堂练习等。同时，命制能反映学生概念学习进阶成果的测试卷，关注学生在论证探究过程中能力体现和在学习进阶中的概念建构，准确把握每个概念进阶点的达成情况。

总之，教学设计要立意高远，教师不但要让学生知道"是什么"和"怎么样"，更要知道"为什么""有何用"和"有何价值意义"，从教学目标、教学内容、教学策略和教学评价等方面进行系统设计，学生从而才能理解学科知识、学科思想、学科方法的内核与精华，发展学科核心素养。

二、深度教学设计的基本原则

深度教学是以发展学生的学科核心素养为核心目标，基于深度教学的教学设计，需要聚焦学科观念、学科方法、学科思维、学科思想等要素，着眼于学生必备知识的理解、关键能力的发展、必备品格的培养和正确价值观的建立，最终目的是指向人的精神世界的发展，以充分体现学科的育人价值。因此，深度教学设计应该遵循以下基本原则。

（一）教学目标的适切性原则

教学目标是教学活动的起点，也是教学活动的归宿。指向学生生物学学科核心素养发展的深度教学，其教学目标应包括生命观念、科学思维、科学探究、社会责任四个维度的目标。教学目标的设计要在遵循课程标准要求的前提下，在知识内容的深度、广度和关联度，认知水平与思维活动的深刻度，知识迁移应用的程度，情感态度发展的高度等方面，体现出深度教学应有的"深度"，彰显深度教学的育人价值。

当然，教学目标设计的要求也要适度，把学生认知水平发展的要求控制在科学合理的范围内，既能体现出深度教学与浅层教学的区别，又不能过度拔高教学要求。

（二）知识组织的系统性原则

深度教学的教学内容应该具有严密的逻辑性和严整的系统性，因为零散的知识不利于学生发展学科思维，孤立的知识结构不利于学生进行迁移应用，无法形成关键能力。所以，系统化知识的体验、探索、理解和应用等是深度教学中最重要的部分，是实现学科育人的载体。

深度教学设计的知识内容系统化，主要表现在：一是设计的学科知识内容应该具有严密的逻辑，即由基本概念、原理和规律构成学科的知识基础，教学内容中学科概念、原理和规律之间具有相互联系，呈现出一定的组织机构，这种由学科逻辑所反映的学科知识内在逻辑结构，彰显出学科的本质特征，决定着学科的基本内涵、理论框架、知识体系和方法论。二是设计的知识呈现方式和顺序符合教与学的逻辑，即在教师引导下，学生能够主动探索知识的发生与发展过程，由表及里、由浅入深、由分散到集中、由局部到整体，高效完成知识体系的自主建构。

（三）教学过程的深刻性原则

浅层教学的突出表现是表层教学、表面教学和表演教学，其成因在于：①情境设置虚假化，学生难以进入情境并沉浸其中，无法去体验、感悟、理解、反思和应用。②问题设置浅表化，学生不屑于思考。③学习过程枯燥化，学生不乐于参与。④学习结果功利化，学生获取的知识呈现碎片化、孤立化，知识无法长期存储。

因此，深度教学的教学过程设计的关键是引发学生的深度思考：一是情境设置的真实性和意义性，真实的情境才能孕育课堂教学真实地教，学生真实地学；而有意义的真实情境，才能引发学生深层次的思考。二是学习活动具有挑战性，即在真实情境中，设置具有梯度的、具有挑战的学习任务激发学生的深度思考。总之，教师需要创设具有真实性、丰富性、意义性和挑战性的教学情境、教学任务、教学方式，才能真正开展深度教学。

（四）教学评价的有效化原则

教学评价的设计应该围绕教学目标的要求，聚焦教学目标的达成度，对课堂教与学的过程及其质量整体审视，突出评价促进教学信息向学习信息转换的杠杆作用，对评价活动进行专业设计，使之成为教学的重要组成部分，全景式地把握课堂评价促进深度学习过程。[1]因此，深度教学的评价设计应围绕教学目标，以学生在真实情境中产生的问题为出发点，以学生的学习过程为关注点，以师生的互动参与为连接点，以手段的丰富多样为落脚点，以学生的意义学习为达成点，关注学生在学习过程中思维的变化程度，以此评判是否发生深度学习，最终让评价能够与课堂教学、学生学习保持一致，彰显评价的效度。只有将学生引向"深度学习"的"深度教学"，才是基于核心素养的教学[2]。

促使学生深度学习的深度教学策略，需要遵循深度教学的基本原则，通过辩证地审视当前课堂学习中存在的表面、表层和表演教学等问题，设计出引导教师调整教学理念和教学行为的具体措施和方法。

三、深度教学设计的基本策略

深度教学倡导知识的建构基于学生的深刻理解，期望教师能从知识内在的逻辑关系和学生的认知规律出发，引导学生系统地建构知识体系并逐步形成生命观念，形成科学的自然观和世界观；深度教学重视挖掘知识背后隐藏的学科思维和方法体系，使学生能尊重事实和证据，发展运用科学的思维方法认识事

---

① 郑东辉. 促进深度学习的课堂评价：内涵与路径［J］. 课程·教材·教法，2019，39
（2）：62-63.

② 朱开群. 基于深度学习的"深度教学"［J］. 上海教育科研，2017，360（5）：50-58.

物、解决实际问题的思维能力；深度教学强调让学生通过有效的教学活动深度参与、体验和感悟，积极主动地发现现实世界中的生物学问题，通过科学探究寻找答案，发展实践、合作和创新能力；深度教学注重从"育分"向"育人"的转化，特别强调提升课堂的教育价值，从文化自信、健康中国、绿色中国等维度，让学生勇担社会责任，实现学科的育人功能。

（一）深度教学的目标设计策略

深度学习把发展学生的"学科核心素养"作为教学目标的总方向，在知识的系统化建构基础上，要关注高阶思维的发展和情感价值的形成。践行指向核心素养发展的深度教学，围绕学科大概念开展单元教学。因此，教学目标首先是以大概念为中心设计单元教学目标，然后将单元教学目标分解成为课时教学目标。

1. 研究生物学学科知识的教育价值，创设指向核心素养全面发展的教学目标

教师制订教学目标的依据主要来自生物学课程标准的内容要求，其次是学科教材。但是，生物学课程标准中内容要求呈现的是学科概念体系，教材主要呈现的是学科知识内容，这些都是体现生物学学科属性的符号知识。生物学学科知识不代表生命观念，解题不是科学探究，解题思路不能等同于科学思维，解应用题更不是践行社会责任。所以，局限于学科知识的教学不能发展学生的学科核心素养。而要促使学生发生深度学习，需要制订指向核心素养发展的教学目标，就要挖掘生物学学科概念、原理、定律中蕴含的学科方法、学科思想、科学思维及其教育价值，凸显生物学的学科育人价值。

设计教学目标时，教师需要研读课程标准和教材，从课程标准的内容要求及教材的学科知识内容梳理出以大概念为核心的学科结构，依此建构以生物学大概念、重要观念为核心的知识目标。教师需要根据自己对生物学知识体系的理解深度，以及对学科核心素养的内涵及其构成要素之间关系的领悟程度，挖掘隐含在学科知识内容背后的学科方法、学科思想、科学思维、学科价值等，建立起学科概念、原理、定律与学科方法、学科思想、科学思维、科学探究及学科价值之间的内在联系，进而制订出以生物学学科的概念、原理、定律为载体、融入学科的方法、思想、思维及其价值的科学思维、科学探究、社会责任等维度的教学目标。

制订出的单元教学目标，必须包含生命观念、科学思维、科学探究、社会责任四个维度的教学目标；而分解形成的课时教学目标，则根据具体的教学内容与教学任务设计教学目标，不一定涵盖四个维度的教学目标。

2. 遵循教学规律，设定教学目标的水平层级

学生核心素养的发展不是一蹴而就的，具有发展性、长期性、渐进性的特点。所以，制订教学目标的水平层级时，不需要一步到位，不能期望在一节课、一个单元的教学中就能达成课程标准设定的要求。

因此，制订教学目标时，可以遵循学习进阶的理念，根据课程标准中模块、大概念的内容要求及教材中具体的教学内容，结合新课教学和复习课教学的总体安排，设计出渐进性的学科知识（生命观念）的教学目标；再以学科知识的教学目标为载体，根据学生已有的科学思维、科学探究与社会责任的发展程度，设计出其他三个维度教学目标的水平层级。四个维度的教学目标，都要用适当的行为动词描述学生应该达到的水平。

 案 例

"主动运输与胞吞胞吐"一节的教学设计[①]

教学目标：

（1）通过探究不同物质进出肾小管上皮细胞的方式，自主建构主动运输和胞吞胞吐相关的生物学概念，建立结构与功能观、物质与能量观。

（2）借助物理模型分析主动运输和胞吞、胞吐的条件，从分子角度理解质膜的功能特性和结构特性。

（3）分析影响物质运输速率的数学模型，发展识图、辨图的能力，参与科学思维的形成。

（4）分析大蒜治理水体富营养化的具体实例，体会生物学知识在真实情境下的应用，关注生态问题，增强生态意识。

深度教学的教学目标设计，关键是明确生物学学科的育人方向，确立生物学学科的核心素养发展目标，凸显生物学学科的本质，彰显学科独特的育人价值。

---

① 李柳燕. "主动运输与胞吞胞吐"一节的教学设计［J］. 生物学教学，2023，48（12）：
46-48.

（二）深度教学的内容整合策略

深度教学的教学内容要关注知识的教育性，教师对学科知识结构要拥有清晰的认知图式，能够从整体上认识学科的性质、功能及其教育内涵，在强调学科大概念引领的知识系统化建构外，还要特别关注与高阶思维的发展、科学探究的提高、情感价值的形成等有关的内容。

1. 建构概念体系，实现知识的结构化组织

设计教学内容时，教师要关注知识的结构性，完成知识的系统建构。首先是依据课程标准对大概念进行分解，划分为重要概念、次位概念、基本概念，筛选出支撑概念建构的基本事实，明晰模块教学、单元教学和课时教学中知识建构的序列。其次，要求教师根据知识的外在符号形式和内在逻辑关联，设计出具有逻辑性的内容序列：以基本事实为基础建构基本概念和基本原理、基于基本概念建构次位概念，进而以众多次位概念建构重要概念，最终由重要概念抽象形成大概念。概念之间不仅有界限清晰的层级结构，也有关系紧密的横向联系和跨学科关联，形成知识的有效联接，构成纵横交错的结构化知识体系，从而揭示出概念之间的内在逻辑关系。

只有结构化的知识才能让学生理解知识的内涵与本质，使学生从知识点的学习、孤立化的记忆转型到对知识体系的整体性认知。

2. 深度加工教材文本，揭示学科知识的本质属性

深度教学追求的是学生对知识的深层理解与运用、对学习内容本质属性的感悟。这就需要教师对教材呈现的文本内容进行适度的拓展和深化：一是挖掘知识的深度，厘清概念、原理、定律的内涵与外延；二是拓展知识的广度，通过梳理知识的发生与发展历程，展现知识体系的演变脉络，揭示科学家建立理论时的科学思维、学科方法、探究方式等。

通过对教材文本的深度加工，可以在遵循教材的基础上适当超越教材，深化教学内容，形成适合于学生认知的学习材料，引导学生正确地理解知识，获得知识的科学本质和科学属性，为基础知识向学科思想、学科能力的转化奠定坚实的基础。①

---

① 郭元祥. 论学科育人的逻辑起点、内在条件与实践诉求［J］. 教育研究. 2020，483（4）：4-15.

3. 开发和利用课程资源，丰富教学内容

深度教学的教学内容设计除了规划生物学的基本概念、基本原理、基本定律等内容外，还需要开发和利用各类课程资源，包括生物科学史料、生产与生活素材、实验研究方案等各种资料，将其加工成典型化、简约化的学习材料，或者设计成恰当的学生实验或实践活动，使之成为教学内容的组成部分，为学生学习生物学知识、建构生物学概念提供丰富而有代表性的事实性材料。[①]在以知识内容为主的教材文本基础上，拓展、丰富、完善学习内容，使抽象的知识内容转变成丰富多彩、生动具体的学习材料，促进学生的深度学习。

案例

"酶的作用和本质"概念教学的组织[②]（节选）

学习内容分析：

"酶的作用和本质"是人教版必修1第5章第1节的教学内容，核心任务是引导学生从酶的功能、化学属性、作用机理等角度认识酶的本质与作用，建构"酶"的概念。在《普通高中生物学课程标准（2017年版2020年修订）》必修1内容要求中，有关酶的内容是分列在大概念2"细胞的生存需要能量和营养物质，并通过分裂实现增殖"中，是重要概念"细胞的功能绝大多数基于化学反应，这些反应发生在细胞的特定区域"的下位概念，即"说明绝大多数酶是一类能催化生化反应的蛋白质，酶活性受到环境因素（如pH和温度等）的影响"。

围绕与酶相关的概念，以"说明绝大多数酶是一类能催化生化反应的蛋白质"为中心，建构如下的概念体系：

A. 酶的化学本质是有机物

A1. 绝大多数酶是蛋白质；

A1.1科学发现史说明生命活动需要酶的参与，酶是具有催化作用的蛋白质；

---

① 赵广宇，徐勇，张佳妮，等.中学生物学实用教学论［M］.北京：北京师范大学出版社，2022：92.

② 赵广宇，汪绍鑫，徐杰，等."酶的作用和本质"概念教学的组织［J］.生物学通报，2019，54（10）：13-15.

A1. 2实验验证木瓜蛋白酶的化学属性是蛋白质。

A2. 少数RNA也具有生物催化功能；

A2.1科学史料证明某些RNA也具有催化功能。

B. 酶具有催化作用

B1. 酶的催化作用具有高效性；

B1.1实验证明酶具有催化作用，且催化作用具有高效性。

B2. 酶能显著降低化学反应的活化能。

以上概念间的关系可用图4-2的酶的概念结构图表示。

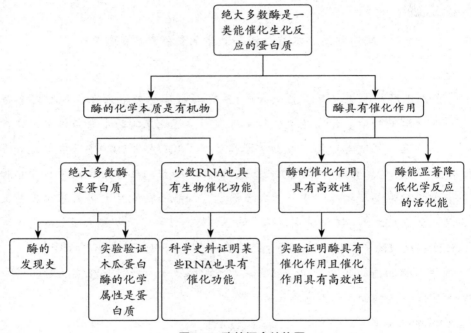

图4-2 酶的概念结构图

教师还以教材中"酶的本质"部分的"材料分析"内容为基础，并补充部分科学史实资料，感受"酶"的发现历程。

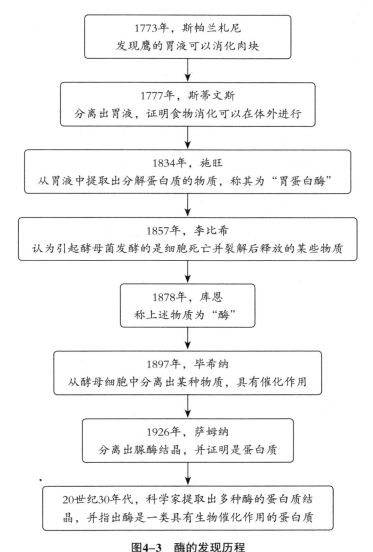

图4-3 酶的发现历程

教师提供木瓜蛋白酶试剂、双缩脲试剂及器材，由学生自主完成实验，证明木瓜蛋白酶的化学属性是蛋白质。

总之，深度教学内容的选择和组织是着眼于学生发展的需求、过程和结果，教师对教学内容进行合理加工、适度整合、有效组织和多样化呈现，拓展、深化了教学内容，能够充分展示学科知识的深度、广度，并能揭示出蕴含在知识背后的学科思想、学科思维、社会价值，促使学生从碎片化知识点的学习走向知识结构的系统化学习，从单纯的习得学科知识转变为获取学科知识的意义和价值。

（三）深度教学的过程实施策略

深度教学过程的设计，需要教师根据学习目标的不同维度和水平，规划教学的逻辑进程，设计相应的教学活动，使教学进程有明确的内在线索，并随着学生学习活动的有序推进，实现学生的知识、能力、情感的递进式发展。设计的程序可以包括：创设情境、提出问题；设计挑战性、有层次的问题或学习任务；设计系统、多样化的学习方式，创设学生开展探究等学习活动；完成学习任务，呈现探究成果。

1. 创设真实的情境，巧设挑战性的学习任务或问题

深度教学是基于真实情境的教学、是基于高质量问题的教学，需要设计具有真实性、挑战性的问题情境，以激发学生的学习兴趣、引发学生的认知冲突、推动学生进行深层思考，围绕不同的问题情境开展触发高阶思维的问题探究活动。

设计真实性情境的素材，可以来自生产、生活的真实场景，也可以来自科学研究的史料，或者是自然界的生命现象等，以奠定真实性的基石。设计出的情境在形式、内容等方面应该是丰富多彩的。创设具有形象性、具体性、可感知性的画面感情境，能够引导学生主动融入其中，激发出学习的内在动机；而来自生活中的切身体验、生产中面临的难题、科研中的经典案例、生命世界中鲜活的现象，让学生感到好奇、憧憬、困惑，从而产生急切的求知欲望。

教师还要依托真实情境，将情境与教学内容相结合，设置具有一定思维空间的问题和具有挑战性的学习任务。问题的真实情境能够激发学生的问题感和求知欲，是引发学生认知冲突、主动建构知识的催化剂；问题的思辨性具有导向作用，特别是对知识符号中所隐含的学科思想、思维方式、学科价值等的深层追问，是发展学生高阶思维的助推器；联系生活和生产实践的问题情境，成为连接知识学习与问题解决的纽带，引导学生在迁移应用中发展核心素养。设计的情境问题还应具有层级性、梯度性、系列性，引导学生对知识的具体内容、知识之间的内在逻辑关系的梳理和理解，激发学生对学习内容、学习方法、学习结果的反思、质疑和批判，发展学生的分析、评价和创造等高阶思维。

案例

"免疫调节"一节的概念教学设计[①]

学生分析资料1后，得出：吞噬细胞能够识别、摄取、处理并暴露抗原，并将其报告给特异性免疫的使动者——T淋巴细胞（简称T细胞），T细胞将调动其他免疫细胞发生反应。学生自然会产生疑惑：T细胞是如何调动其他免疫细胞完成免疫反应呢？于是，教师提供资料2。

材料2：生物学家Claman和Mitchell等从小鼠脾脏分离纯化出B细胞、T细胞，检测各组经抗原诱导刺激后抗体的产生情况，结果如表4-2所示。

表4-2　B细胞、T细胞产生抗体实验结果

培养细胞	抗原	抗体
①B细胞	加入	极少
②T细胞	加入	不产生
③B细胞+T细胞	加入	产生
④B细胞+T细胞	不加入	不产生
⑤未经分离纯化的脾脏细胞	加入	产生

教师首先通过引导学生阅读教材并结合讲解，指导学生建构抗原、抗体等概念，然后分析实验结果。

学生经过思考、讨论，得出结论：

（1）B细胞能产生抗体，T细胞不能产生抗体；

（2）B细胞与T细胞混合后产生抗体的能力增强。

教师提示：

（1）实验③与实验④对照说明什么？

（2）实验①与实验③对照说明T细胞有什么作用？

（3）实验③与实验⑤对照说明什么？

---

① 赵广宇，汪绍鑫，李倩，等. "免疫调节"一节的概念教学设计［J］. 生物学通报，
2015，50（12）：19-20.

学生进一步分析得出：

（1）在抗原的刺激下，B细胞才能产生抗体；

（2）T细胞有促进B细胞产生抗体的能力；

（3）脾脏细胞是产生T细胞和B细胞的场所。

同时，提出疑问：T细胞的功能是什么？

真实的问题情境与情境化试题是迥然不同的，情境化试题往往是命题者刻意加工的场景，往往是客观、真实的情境与问题分离，仅仅借情境考查知识记忆，导致学生用定式思维、浅层思维解决问题。真实的问题情境，不是用音频、视频资料来冲击学生的视觉和听觉，然后要求学生回答"你看到了什么""你看了有什么感想"之类的简单问题。只有基于生活实际、具有丰富性和复杂性的情境，才是真实的情境；只有情境与问题相结合成为真实的问题情境，情境设计才是有价值、有意义的。真实的问题情境能够将学生的困惑暴露出来，能够为学生学习新知识提供"脚手架"，引导学生从已有的经验出发，经历生物学知识的创生过程，激发出深度思维，真正引发深度学习。

2. 设置多样化的学习活动，激发高阶思维活动

深度教学的"深度"表现之一是学生深度参与教学过程，由此，教师需要设计恰当的学习活动，促进学生主动学习，帮助学生真正掌握生物学学科的概念、原理、定律，这样才能凸显学生的主体地位，体现出深度教学的特征。

学习活动保证参与的全面性。形式具有可操作性和多样性、知识内容具有适当的难度、思维具有合理的深度，使学生能够参与、愿意参与、主动参与、深度参与，尽可能保证全体学生参与到学习活动中。

学习活动具有形式的多样性，引导学生采用探究式学习、项目式学习、问题解决化学习等多种学习方式，促进思维方式的多元化，让学生在学习活动中充分发展个人的深度思维。同一个学习内容，采用不同学习方式，会获得不同的素养；不同的学习内容也可以采用相同或不同的学习方式。用多样化的方式学习，会增加知识理解的丰富性、灵活性，能够使知识学习超越知识本身，获得多种素养。

学习活动具备思维的深刻性。基于记忆、理解的学习活动容易使得教学落入讲授式、习题式和套路式的窠臼，难以发展学生的高阶思维。教师要有意识地、梯度化地设置挑战性的学习活动，采用语言描述、模型建构、方案设计、绘制思维导图、建构概念图、撰写小论文、分享汇报等教学手段，让学生完成学习活动时面临"思路无头绪、方法想不出、操作完不成、结果得不到"的窘境，使学生内隐的思维得以"外显"，从而暴露出在学习过程中存在的思维困难和障碍，使教师能够把握学生的思维路径。再设计新的学习活动，将低阶思维和高阶思维进行有机融合，通过及时反馈评价和矫正引导，帮助学生在记忆、理解和应用的基础上，螺旋上升式地培养创新思维、批判性思维等高阶思维。

 案 例

指向生命观念培养的"染色体变异"概念教学设计①

教材分析及设计思路：

《普通高中生物学课程标准（2017年版2020年修订）》的重要概念"由基因突变、染色体变异和基因重组引起的变异是可以遗传的"，其次位概念"举例说明染色体结构和数目变异都可能导致生物性状的改变甚至是死亡"中包含两个下位概念：染色体结构变异和染色体数目变异，这两个概念又包含染色体易位、染色体组、单倍体等若干个下位概念。

学生已从分子水平上认识可遗传变异的基本原理，而细胞增殖知识也为理解染色体变异奠定了细胞学基础。但因缺乏相关生物学事实的支撑，学生理解"染色体变异"相关概念难度较大。本节课的教学力图引导学生采用探究学习的方式自主建构概念：首先，以姐妹染色单体的交叉互换为切入点，通过模型建构的方式引导学生分析、推理染色体发生断裂后的结构变化，由此归纳出染色体结构变异的概念及类型，并结合资料分析得出染色体结构变异的意义；其次，以细胞增殖中染色体的平均分配为基础，分析染色体可能发生的异常分配及结果，从而建立染色体数目变异的概念与类型，再运用模型建构的方式建立染色体组的概念；最后通过资料分析建构多倍体和单倍体的概念。这样，学生

① 赵广宇，崔连新，白玲，等.指向生命观念培养的"染色体变异"概念教学设计［J］.生物学教学，2021，46（6）：26-29.

以科学探究的方式，运用分析、推理、演绎、建模等思维方法，基于证据建构染色体变异的相关概念，并通过探索染色体变异的意义，逐步树立"进化与适应观"的生命观念。

高质量的学习活动能够充分调动学生的主观能动性，竭尽心智去解决问题；能够赋予学生更广阔的学习空间，能够在学习知识的同时，引导学生亲身体验探索未知、应用知识解决问题，促进知识的生成和能力发展；能够引导学生运用自主学习、合作学习和探究学习等方式，通过论辩、质疑、批判、协作等手段去解决问题，完成挑战性的学习任务。

3. 设计逻辑展开的教学过程，指向核心素养的提升

深度教学的过程是教师的"教"与学生的"学"互动融合的过程，也是问题引领、任务驱动的学习过程，是知识由浅入深、由表及里、由分到合的持续建构过程，也是学科价值体现、知识意义生成的过程。

（1）深度教学的过程设计强调呈现知识的内在逻辑性，展现生物学学科概念、原理、定律的诞生过程，使学习内容呈现出循序渐进、层次分明的思维框架，能够引导学生对学习信息进行深度加工，透过符号、公式和概念等表层内容，认识学科知识的本质和规律。同时，还能展现大概念、认知结构及其蕴含的方法、思想与思维及其价值，由符号表征向逻辑展开、意义呈现的方向前进，保证深度教学由符号教学走向逻辑教学、意义教学。

（2）深度教学过程应该遵循学生的认知规律，关注学生的体验与自主建构的过程。在把握学科知识本身逻辑的基础上，遵循学生的认知规律，将单元学科知识的逻辑结构与学生的认知规律有效对接，即用学科知识的逻辑结构来统领学习内容，同时根据学生的学情将学习内容与学生已有的经验融合起来，实现由"教"的规定性向"学"的规定性转变。

教学过程要给学生充足的学习时间、足够的学习机会，自我习得知识，使学生能够超越对事实性、符号性、表层性的知识理解。教师重点在于引导，在思维上给予适当的点拨和提示，在方法上给予指导，帮助学生去探索。

教师要引领学生体验知识的建构过程，将新知识与已有知识有效联接，积极运用分析与综合、归纳与演绎、类比与比较、模型与建模、具体化与抽象化等多种思维，体验思维的生发过程，领悟隐含在具体知识之中的、蕴含在符号知识背后的学科思想和方法体系。要帮助学生在真实的问题情境中，高质量地迁移和应用知识，理解知识与自己、他人和社会的关系，领悟知识的应用价值和社会意义。这样，学生的学习从符号接受、到符号解码，再到思想建立，最后到意义建构，不断地逐层深化学习过程。

（3）深度教学过程注重学科知识的实践应用，以问题情境为背景，引导学生用科学的方法验证理论、概念、定律，使学习成为经历分析、推断、概括的思维活动和真实体验，在感悟、探索、理解、创造的过程中，学生还能获得能力的发展。同时，引导学生在解决问题情境的过程中，掌握处理和应对新材料、新问题、新情境的方法，能够运用知识做出理性解释和判断，解决生产生活中的问题，使知识与素养同步发展。

案例

"生命活动的主要承担者——蛋白质"的复习教学①

3.4学以致用，解决生产生活中的问题

教师提问：结构和功能的关系，在实际生活中有怎样的运用呢？教师展示案例：吗啡能与突触后膜的受体结合，抑制大脑皮质痛觉区，有强镇痛作用。根据突触的结构来解释吗啡镇痛的原理。学生能够根据上述学习经历，从结构入手进行阐释：吗啡与神经递质结构相似，也能和突触后膜上特异性受体结合，达到抑制大脑皮层痛觉产生的作用。教师追问：如果要研发长效镇痛剂，还需要考虑什么呢？学生非常感兴趣，激发了学生的探索欲望，尝试去解决现实生活中的问题。学生分析讨论后，有如下思路：①对药物进行分子改造，避免其被酶降解。②加入相关酶的抑制剂，避免吗啡的降解等。此外教师还可以呈现"口服胰岛素"等最新科研成果，向学生展示利用"结构与功能观"解决的重大课题，激发学生对科研的兴趣。

设计意图："结构与功能"的生命观念的最终树立，需要学生能以此指导探究生命活动规律，解决实际问题。以"吗啡"镇痛剂为问题情境，激发学生

---

① 汪绍鑫，肖文瀚，徐杰，等. "生命活动的主要承担者——蛋白质"的复习教学［J］. 生物学教学，2020，45（3）：29-31.

利用科学观念参与个人与社会问题的讨论，做出理性判断和解释，具备解决生活问题的担当和能力。

教学的价值在于过程，过程是价值实现的载体。深度教学终极目标和价值的达成，需要注重教学过程和学习方式的深度。因此，深度教学的实施不能仅仅从师生关系的调整、教学时间的变更、教学程序的改良等维度进行，而应该从认知的深刻理解过程、高阶思维培养过程、情感碰撞体验过程和意义价值生成过程等进行实践。

（四）深度教学的评价策略

教学评价是根据教学目标的达成度，对教师教学过程的评价和学生学习效果的评价，以此评判教与学的质量，并为教学的决策服务。评价作为检测教学目标是否达成的重要手段，是提高教学有效性的重要机制，持续评价、及时反馈是引导学生深度反思自己的学习状况并及时调整学习策略、实现深度学习的有效途径。也可以帮助教师及时调整教学策略，增强课堂学习的实效性。[①]

深度教学评价的目标和内容要体现全面性，在以核心素养发展为宗旨、遵循课程标准中学业质量要求的前提下，检测课时教学目标的达成度，评价核心素养的发展状况。通过对知识、技能的检测，不仅检测出知识学习过程中存在的问题，还要揭示出在发展科学思维、科学探究、社会责任等方面出现的障碍，以及学生学习方法的运用、学习时间的安排等元认知能力的发展状况。

深度教学评价设计应该秉持发展性的理念，课堂教学评价要成为促进学生深度学习的手段，通过评价检测出学生学习的发展状况，诊断出学习中存在的问题，为师生双方提供准确的反馈信息，以便分析原因、采取措施及时矫正，促进深度教学的发展。

深度教学评价关注学生的学习过程，重视反馈评价的及时性。教学评价不能仅仅关注学生学习的结果，更要关注学生课堂学习的整个过程。因此，课堂教学评价以形成性评价为主，通过各种评价的手段，关注学生学习过程的表现，收集学生学习过程的信息，为教师改进教学策略提供准确的依据；同时，

---

① 安富海. 促进深度学习的课堂教学策略研究［J］. 课程·教材·教法，2011，31（11）：57-62.

教师要根据反馈的信息，对学生的发展状况给予及时、准确的评价，不能仅凭表面现象来评判学生回答的"对"与"错"，而要挖掘现象背后的根源，精准地指出学生在学习中存在的本质问题，进而引导学生根据自己的学习状况调整学习策略，达成教、学、评的一致性。

深度教学评价的方式应该多元化，不仅要有传统的试题检测、口头问答，还可以采用建构概念图或思维导图、制作装置或产品、设计实验方案、实施实验操作、角色扮演、辩论、撰写小论文、调查统计等检测方式，将学生的科学思维、科学探究、社会责任等内在的核心素养通过形体动作、图画、语言和符号等媒介表达出来，使核心素养的发展水平可见、可测和可评价。

 案 例

基于"教学评一致性"的单元教学设计模式研究

——以"细胞的生命历程"为例①

2.2.2课时评价任务设计

课时评价任务设计是单元评价方案的细化，以课时目标为导向，逐步分解单元评价方案，将其以活动的形式，更加具体地落实在每一节课中，实现每个课时教学环节中教师活动与学生活动都有评价活动与其相对应，落实课堂教学的"教学评一致性"。评价应嵌入整个单元教学过程的始终，要强化过程性评价。过程性评价应体现在学生学习的全过程，包括课堂表现、作业情况和阶段性测试等环节。

过程性评价可分为三个类别，分别为口语类、纸笔类和操作表演类。

（1）口语类主要是通过提问的方式，教师向学生提出问题，根据学生的口语回答来判断学生的知识能力与思维水平。

（2）纸笔类包括绘制概念图、课堂习题检测、书面作业、创建学生自评表等评价活动，其中书面作业应包括课后的课时作业及单元结束时的单元整体作

① 栗鑫宇，谢珊，付雷.基于"教学评一致性"的单元教学设计模式研究——以"细胞的生命历程"为例［J］.生物学通报，2023，58（3）：22-26.

业。需要注意的是，作业的设计要兼顾多样化原则，不能局限于通过习题检测学生对知识掌握的情况，更要结合实践活动的作业形式对学生思维水平、实验探究能力进行评估。如在第4课时"细胞的衰老与死亡"中，可请学生回家找出祖父母在少年、青年及中年时的照片，仔细观察对比祖父母现在的状态，找到每个阶段的差异，并运用学过的生物学知识找出其中的原理，同时尝试制订一套延缓衰老的健身方案，后续在课堂上进行阐述与交流。

（3）操作表演类的评价活动主要针对一些实验类的活动，如模型制作、探究方案设计、信息收集或处理、行为记录等。如有丝分裂过程的模型制作活动中，建立评价表单来判断学生的素养达成情况，有丝分裂模型制作过程中的评价表单如图4-4所示。

1. 有丝分裂模型建构评价		
（1）纺锤丝是否构成一个梭形的纺锤体。	是	否
（2）染色体是否有纺锤丝连接。	是	否
（3）染色体和着丝粒是否加倍。	是	否
（4）每条染色体中的2条姐妹染色单体是否都发生分离。	是	否
（5）在细胞两极是否各有一套形态和数目完全相同的染色体。	是	否
2. 对学生表述(观察)的评价		
（1）学生是否能说明纺锤丝牵引着染色体向细胞两极移动。	是	否
（2）学生是否强调染色体、染色单体、DNA的数量变化及它们之间的关系。	是	否

图4-4 有丝分裂后期模型制作的评价表单

深度教学倡导学生将理论知识转化为实际应用，对学生的评价重心是"能做什么"，而不仅是"知道什么"，所以，检测深度教学是否有效的标准是学生能否将知识迁移运用到复杂情境中解决问题。因此，评价的设计要注重将问题情境与具体问题、任务或活动结合在一起，考查学生运用知识解决问题的能力，在实践应用中达到检验教学效果、反思教学过程和改进教学行为的目的。

总之，深度教学的设计应聚焦学生核心素养的发展，引发学生深度体验，对所接触的信息和知识进行深度加工与意义生成；要引领学生运用高阶思维能力完成知识的整合与运用，实现对复杂概念、原理等知识的主动建构，并内化到个体的认知结构之中，领悟生物学的学科本质、逻辑及意义。

第二节 基于深度教学的大单元教学策略

教师基于学科大概念进行系统化的大单元教学，可以给学生提供结构化的、具有学科价值的学习内容，经过序列化组织的教学过程，在有限的时间内完成有意义、有价值的深度教学。学生经过结构化、系统化的深度学习，实现知识、能力向核心素养的转化。

一、教学单元与单元教学

单元一般是指研究样本中具有某种共同特征的部分，能够组成为独立部分的单位。崔允漷教授认为，单元是一个学习单位，一个单元就是一个学习事件，一个完整的学习故事，因此，一个单元就是一个微课程。在中学生物学课程中，教材与教师的教学活动是具有单元属性的。

（一）教材单元

中学生物学教材的编写遵循课程标准的内容要求和编排的次序，通常是按照课程标准中模块、大概念、重要概念等内容要求设置主题。教材"册"的主题对应着课程标准的模块，如必修二（人教版）·遗传与进化对应着模块2·遗传与进化，包含了该模块中的两个大概念。教材中的"章"往往对应着课程标准中的重要概念，如必修一（人教版），"第4章 细胞的物质输入与输出"对应课程标准的重要概念"2.1 物质通过被动运输、主动运输等方式进出细胞，以维持细胞的正常代谢活动"，通过一章或几章的内容来体现生物学中某一个分支学科的内容，如细胞生物学、植物学、遗传学、植物生理学等。而"节"可能对应着课程标准的次位概念，如必修一（人教版）第5章"第2节 细胞的能量'货币'ATP"对应着次位概念"2.2.2 解释ATP是驱动细胞生命活动的直接能源物质"，"节"的内容也可能是次位概念的部分内容或者是相关内容的组合，如必修一（人教版）"第4章　细胞的物质输入与输出"中，"第1节　被动运输"是次位概念"2.1.2 举例说明有些物质顺浓度梯度进出细胞，不需要额外提供能量"的一部分，另一部分"2.1.2 有些物质逆浓度梯度进出细胞，需要能量和载体蛋白"与次位概念"2.1.3 举例说明大分子物质可以通过胞吞、胞吐进出细胞"组合成"第2节　主动运输与胞吞、胞吐"。

总之，教材的编撰是按照课程标准的内容要求，根据学科知识的逻辑编排成册（模块）、章、节，其内容在知识、能力等方面具有一定的逻辑关联，呈现出完整性、独立性的特征，可以称为教材单元。

（二）教学单元

教学单元是指中学学科课程知识体系中，具有内在逻辑联系的知识内容所组成的知识板块，它是阶段性教学活动的单位，具有相对的完整性和独立性。

完整性是指学科课程的不同教学单元之间是有逻辑关联的，众多教学单元组成完整的学科课程。独立性是指教学内容具有独特的教学目标与学科价值，可以单独进行学习，但是，独立性不代表单元知识内容是孤立的，与其他学科知识是相割裂的。

在生物学学科课程标准中，没有对教学单元作出明确定义。教师的教学活动通常是依据教材中的章、节来划分教学单元，以相关联的教材内容作为教学单元，体现知识的系统性和完整性，符合学科知识的逻辑体系，有助于在连续的时间段内系统、完整地进行某一方面的知识传授和技能训练，此时的教学单元就是教材单元。

教学单元的划分，也可以根据课程标准的建议"教师在设计和组织每个单元的教学活动时，应该围绕大概念和重要概念展开"[①]，以大概念或重要概念为单元主题，依据学科知识的逻辑体系，可打破教材的逻辑结构对相关教学内容进行整合，将具有内在联系的知识内容组织在一起，构成一个教学单元。这样的教学单元，不是对教材内容的简单划分，是围绕主题对教学内容进行重新

---

① 中华人民共和国教育部. 普通高中生物学课程标准（2017年版2020年修订）［S］. 北京：人民教育出版社，2020：58.

组织和整合，以"实现学科内在逻辑与学生认识逻辑的统一"①。这在复习课教学中显得尤为重要，如高中生物学中"有丝分裂"与"减数分裂"的内容，在课程标准中分别属于两个重要概念，分布在两个不同的模块。复习课时，可将两个内容整合为"细胞增殖"主题，纳入到"细胞的生命历程"单元。

总之，教学单元的设定不具有规定性，教师在教学实践中，可以按照教学的需要对相关知识内容进行整合、划分或者组织教学单元。

（三）单元教学

一般来说，教师的教学是依据学科教材的编排，按照册、章、节的顺序完成相应的教材单元教学，学生的学习也是依据教材单元实施的。有些教师能够基于学科知识的整体性，遵循知识的内在逻辑，建构课时教学之间的联系，形成事实上的教学单元。上述的教与学活动应该都是有单元的，也可以称为单元教学。但是，以"课时"为最基本单位开展的教学活动，导致教师的教学容易忽略对单元教学的整体性设计，更注重对课时教学的设计，以达成短期而具体的课时教学目标，从而导致学科课程的整体性被课时教学人为地割裂开来，缺乏宏观性与联系性，会使学生拘泥于具体知识而呈现知识的孤立化、碎片化，也就很难达到培育素养的目的。

单元教学则是基于单元知识整体性的视角，根据章节或单元中不同知识点的需要，综合利用各种教学形式和教学策略，通过一个阶段的教学，让学习者完成对一个相对完整的知识单元的学习。因此，单元教学具有整合性，能够有效建立课时教学之间的联系，使知识的建构更具有整体性。所以说，单元教学的核心思想是系统思维，即应注意从整体的高度思考研究对象组建学习单元，并将整个单元学习目标的达成作为一个整体性的任务。

二、大单元教学

崔允漷教授提出，单元并不简单指教材中的章节单元，而是立足学科核心素养，整合目标、任务、情境与内容的教学单位。一个单元就是指向一个素养

---

① 中华人民共和国教育部. 普通高中生物学课程标准（2017年版2020年修订）［S］. 北京：人民教育出版社，2020：66.

的、相对独立的、体现完整教学过程的课程细胞。指向核心素养发展的单元教学，应该以学科大概念为核心，使课程内容结构化，以主题为引领，使课程内容情境化。因此，单元教学应该突破教材单元的限制成为大单元，使大单元成为实现素养培育目标的基本载体，真正做到"用教材教"而不是"教教材"。

（一）大单元教学的意涵

大单元教学仍然是以"单元"为学习单位的教学形态，这里的"单元"是素养目标达成的单位，是围绕大概念组织的学习内容、学习材料和学习资源等的集合。[①]因此，大单元教学是指依据某个学科核心素养的要求，按照大概念（观念）或大任务、大项目的逻辑，将相关知识或内容整合、重组和科学设计，形成具有明确的主题、目标、任务、情境、活动、评价等教学要素，由多种课型组成的结构化的教学单位。

大单元教学中的"大"主要体现在以大概念为统领，整合课程目标、内容、实施、评价，使之成为一个完整的教学（学习）事件，形成对单元内容的组织起统率作用的"大任务""大观念""大项目"和"大问题"，大概念在横向上是单元统整的核心，具有中心性、高阶性、深刻性、本质性的特点；纵向上可分为学科单元内、学科单元间和跨学科的大概念。由于大概念指向学习内容的本质特征，所以，基于学科大概念整合的大单元是学科深度学习的核心。

（二）大单元教学是促进深度教学的有效路径

以大概念架构大单元教学，是按照学科知识逻辑，对教材内容进行逻辑化、体系化统整，设计综合性学习任务主线，串联整个单元内容的学习。通过以学科大概念为核心，使课程内容结构化，以主题为引领，使课程内容情境化，促进学科核心素养的落实。[②]大单元教学可以解决浅层学习中存在的知识零散化和碎片化、学习水平浅层化等问题。

大单元教学的设计和实施过程要关注学生的发展和课程标准的要求，围绕

---

① 刘徽，蔡潇，李燕，等. 素养导向：大概念与大概念教学［J］. 上海教育科研，2022（1）：5-11.

② 中华人民共和国教育部. 普通高中课程方案（2017年版2020年修订）［M］. 北京：人教育出版社，2020：4.

学科课程的目标从"大"处着手，设计具有层次性、渐进性、连续性的教学大单元，将学科的教学内容规划为连贯的、有系统的若干个教学单元。大单元教学的设计聚焦发展学生核心素养、系统架构知识体系、深度开展教学过程和有效进行教学评价等，促进学生知识、思维和情感向系统关联和深度扩展，通过结构化的教学模式促进学生深度学习，促进从"教"向"学"的转变。

大单元教学具有高层次、挑战性的学习主题，需要教师引导学生开展深度学习，并促进学习迁移，发展高阶思维能力，完成从生活经验到知识的转化，以及知识再转化为可以迁移应用的经验，以解决实践问题，最终实现知识到素养的转化。所以，指向学科核心素养的大单元教学，是落实核心素养发展的有效途径。

（三）大单元教学的特点

大单元教学在单元教学的课程知识取向，以及单元组织教学的理念基础上，通过对传统教学的目标重构、内容重构、程序重构最终实现价值重构，因此具有学习者经验统整性、课程内容结构化、学习程序逆向性、学习成果生活化等特点。①

1. 目标重构——核心素养的统领性

教学目标是大单元教学的逻辑起点，基于核心素养发展的大单元教学目标具有整体性、全局性、系统性等特点，呈现了从知识为本到素养本位的目标重构。

大单元教学基于学科核心素养的教育目标来制订大单元教学目标，指向发展学科核心素养的大单元教学目标应该具有系统性和全局性，引导教学由关注育分向关注育人转变，着眼于学生的终身发展。发展学生的核心素养是整体性目标，需要涵盖学科核心素养的所有组成要素，使大单元教学成为育人的统一体，培养完整而非割裂的人，从而引导教师进行整合的教学设计。

大单元教学目标与课时教学目标是有区别的。大单元的教学目标指向相对比较宏观的生命观念、思维方式与品质、探究能力、社会责任等内容，是一个

---

① 王鉴，张文熙. 大单元教学：内涵、特点和实施策略［J］. 中国教育学刊，2023（10）：
5—9.

单元的教学活动完成后，应该达到的总体目标，对制订课时教学目标具有统领作用。而课时教学目标是大单元教学目标的子目标，指向具体的生物学概念、思维方法、探究方法、情感体验等，是支撑学科核心素养形成的具体内容。

因此，大单元教学目标是大单元教学的灵魂，由此设计出的大项目、大任务、大问题，并构成彼此间有紧密联系的、能体现学科知识建构的若干个大单元教学主题，成为大单元教学的统领中心，促使课堂教学有效践行学科核心素养的培育。①

2. 内容重构——课程内容的结构化

大单元教学是以大主题、大任务或大项目为中心，实现由知识向经验的转化，转化的关键是学生的系统化知识。由此，需要依据大单元的教学目标，对教学内容进行规划、重组，通过知识的整合、社会生活的整合，实现课程内容结构化。

大单元的教学内容要以单元主题下的教学目标为导向，整合生产生活实际与学科知识、文本知识与实践经验、知识技能传授与关键能力培养，按照学科的知识逻辑和大任务（或大观念、大项目、大问题）的思维逻辑，重新组合学科体系或主题，整体设计、组织教学与评价活动，实现教、学、评的一体化。大单元在教学内容的选择与组织上，可以打破教材在学科间或学科内的排列组合，借任务、问题、项目等重组知识内容，引导跨学科的知识建立联结，促进新知识与旧知识、直接经验与间接经验的融合，实现教学的系统性。

大单元教学的内容设计，要依据大概念本身具有的层次性，合理规划支撑大概念形成的重要概念、次位概念等内容的课时教学，重点在于从大概念的视角，通过概念之间的逻辑联结促使知识的结构化，使整个单元的学习内容成为一个结构严密的整体。

3. 程序重构——教学过程的进阶性

指向核心素养发展的教学大单元是一个体现课程逻辑、知识逻辑和认知逻辑的完整教学事件，强调学生既要体验"学什么"的过程，也要体现"学会什

---

① 王鉴，刘静芳.综合学习：内涵、特点与实施［J］.中国教育学刊，2023（2）：30-35.

么"的结果。由此，大单元教学基于学生深度学习的视角，按照学习逻辑对学习目标、任务、情境、活动、评价等要素进行系统整合与设计，学习任务的制订符合学生从简单到复杂、由具体到抽象的认知规律，不同学习阶段的学习任务是连贯且递进的，同时注重教、学、评的有机统一。

在整个教学过程中，大单元教学要体现学科知识结构和知识表征、高阶思维活动、学科基本观点和基本方法之间的有机整合。在横向上全面把握学习要素，在纵向上统筹规划完整的学习环节，使学生经历如何学会的学习进阶过程。

4. 价值重构——学习成果的应用化

基于深度教学的大单元教学，是建立在大概念基础上的、以问题解决的学习结果为导向，其价值追求是促成学生对学习内容的深度理解，以实现对生活的高通路迁移，也即学习成果生活化、应用化。

大单元教学注重打破课内与课外、学科与学科、学校与社会、线上与线下的壁垒，实现教学的时空转化，追求基于理解的高通路迁移，实现价值重构的过程。大单元教学重在帮助学生建构发展性的学习过程，为学生自主的学习实践和经验转化创造条件；强调学生在真实情境下能够自主地学会知识，并利用知识、技能解决问题，实现深度学习。所以，大单元教学有更高的课程内容情境化的要求，以解决生活中复杂多变的问题，培养专家思维。

学科课程通过具有上述特征的若干大单元的教学，指导学生运用科学方法，运用逻辑思维和辩证思维，分析、综合学习内容，获得结构化的知识，完善知识结构，提高思维能力，掌握信息获取、加工、创造和运用能力，从而提高学科核心素养。在这个历程中，教学与评价相融合并共享教学目标，学生不仅能明确"学会什么"、了解"怎样学"，而且还能及时通过评价反馈掌握"学到何种程度"的信息。这样，大单元教学的出发点、历程和归宿都围绕学生的深度学习展开，有利于建构以学生学习为中心的教学关系。

三、大概念引领的大单元教学设计

从高中生物学课程的角度出发，大单元教学设计是在遵循教材结构体系的前提下，围绕课程标准中的生物学大概念、重要概念，按照生物学的生物化学、细胞生物学、遗传学、生态学、微生物学等分支学科的逻辑体系，组织单元教学内容。通过梳理知识之间的逻辑关系，建立单元知识之间的内在联系，使课时教学之间前后连贯且形成统一的整体，帮助学生建构系统化的单元知识，并能在复杂的实际情境中，运用单元知识解释相关的生物学问题，逐步提高分析和解决问题的能力。

尽管单元教学的目标需要通过课时教学来完成，但大单元教学设计不再聚焦零碎知识点的理解、记忆或陈述，而是通过大概念的统领来建立单元知识系统；教学活动的设计不再局限于简单的知识传递，重点关注学生面对现实挑战时，综合运用不同知识解决问题的能力。由此，大单元教学设计比课时教学设计站位更高，不再刻意追求"一课一得"。

教育部基础教育课程教材发展中心深度学习综合项目组提出深度学习教学设计四要素：挑战性的单元学习主题、单元学习目标、单元学习活动和单元持续性评价（见图4–5）。[①]

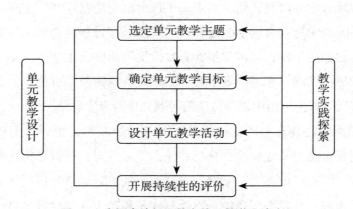

图4–5　大概念统领下的大单元教学设计流程

指向学生核心素养发展的大单元教学，是以学科大概念的建构作为落实学科核心素养的有效载体。因此，大单元教学设计需要以大概念的建构为主线，整体规划单元学习阶段的教与学活动，促进学生形成学科核心素养。

大单元教学设计的流程主要包括：建构合理的"学习单元"，提炼适切

---

① 王建. 深度学习：走向核心素养（学科教学指南·初中生物）［M］. 北京：教育科学出版社，2019：14.

的"学习主题"，确定具体的学习目标；以单元目标为导向，设计学习的大任务、大问题，并建构紧密联结的单元学习内容；以关键问题为中心，创设贯穿始终的大情境及体现学生深度学习特征的学习活动，引导学生完成指向大单元学习的主要任务，走向学科核心素养的发展。

四、指向深度教学的大单元教学设计策略

大单元教学是以生物学大概念为主线，引导学生从整体上认识学科的本质属性、学科思想、学科价值等的认知过程。与课时教学设计相比，大单元教学设计更加关注整体规划，是对单元教学的整体重构，引导教师从孤立的课时教学走向整体的大单元教学。

（一）凝练大概念的学科本质，确立单元学习主题

大概念是内涵丰富且上位的学科观念，能揭示学科的核心本质，反映学科的核心观点。大概念处于学科知识的中心地位，能够统摄和整合较为零散的其他学科知识，建构成具有较强系统性学科框架的重要概念。基于大概念的大单元教学设计，是对大单元学习内容结构化思考的集中体现，成为大单元教学设计的魂，是大单元教学设计的出发点和归宿，能够指向教学的核心任务和学科的核心内容，能够有机融合学科的关键内容及关键思想。

学期的单元规划是大单元教学设计的前提，教师要根据生物学课程标准内容要求中有关模块的内容要求，结合教材内容编排，确立一个学期需要或者是能够完成的大单元数量。再根据学期的教学单元整体规划，确定每一个大单元教学的学习主题。

大单元教学主题的确定需要立足学科整体高度，以大概念的建构为核心，建立支撑大概念形成的重要概念等概念层级，梳理出大概念的学习进阶进程及其重要节点；再挖掘具体知识内容背后的学科教育价值，形成有意义关联的、结构化的教学内容体系；依据学生的实际情况和发展需要，结合教学内容的特点来确定大概念的解构程度和单元的大小及形态。

确定的大单元主题，从学科知识范畴出发，可以是学科内的大单元，即围绕生物学学科大概念组织以学科概念为主线的知识网络，涵盖学科思想、科学思维等体现学科教育价值的内容，体现学科内的基本结构；也可以是跨学科大

单元，即打破不同学科之间的界限，围绕跨学科大概念来确定"主题"，并整合多个学科的内容，实现多个学科的融会贯通，以开拓学生的视野，培养复合型和创新型人才。从科学大概念的类型（科学知识和科学过程）划分，可分为知识大单元和过程大单元，知识大单元是围绕"主题"，主要指向学科大概念的知识建构的单元集合，而过程大单元则在"主题"的统领下，以知识建构为载体，主要指向发展科学思维、科学探究等内容的单元集合。

案 例

大概念统摄下单元设计的探索与实践

——以"物质与能量观"为例[①]

1. 大概念统摄下，开发单元设计

1.1 聚焦学科大概念，整理课程框架

高中生物学课程的必修课程和选择性必修课程内容聚焦于大概念，立足这几个大概念阐述了其他重要概念。必修课程面向全体学生，选择了生物学中最基本的4个概念，形成了高中生物学课程的内容框架：细胞是生物体结构与生命活动的基本单位；细胞的生存需要能量和营养物质，并通过分裂实现增殖；遗传信息控制生物性状，并代代相传；生物的多样性和适应性是进化的结果。这些概念帮助学生生命观念的形成。

必修模块的"细胞的生存需要能量和营养物质，并通过分裂实现增殖"概念就充分联系着"物质与能量观""结构与功能观"等。"细胞的生存需要能量和营养物质"属于这个大概念，其下属有两个重要概念，即"物质通过被动运输、主动运输等方式进出细胞，以维持细胞的正常代谢活动"和"细胞的功能绝大多数基于化学反应，这些反应发生在细胞的特定区域"。想要形成重要概念还得先完成其下设的次位概念的教学。

---

① 陈翰君，彭巧玲. 大概念统摄下单元设计的探索与实践——以"物质与能量观"为例
[J]. 生物学通报，2022，57（7）：39-42.

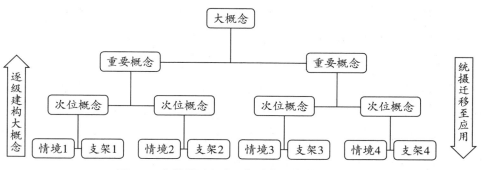

图4-6　在教学过程中逐级建构概念并迁移应用

概念教学本质上是思维教学，是在事实基础上通过抽象和概括等建构概念。《普通高中生物学课程标准（2017年版2020年修订）》在"学科核心素养与课程目标（一）中的4.社会责任"中提到"生物学学科核心素养是学生在生物学课程学习过程中逐渐发展起来的，在解决真实情境中的实际问题时所表现出来的价值观、必备品格和关键能力，是学生知识、能力、情感态度与价值观的综合体现"。设计真实情境让学生真实体验是单元设计中十分重要的一环。学生需要从现实情境中提出问题，利用教师提供的支架突破发展，在教师引导下形成概念，再将概念迁移应用于新的情境中去解决问题。

基于大概念设置的"大单元主题"，是根据以大概念为核心的单元学习内容经过归纳、概括形成的。因此，单元命名的方式有两类：一是用要学习的大主题直接来命名，该主题可以保持教材单元的原有名称；二是重新凝练而成的新名称，即用单元的组织者即大观念、大问题、大任务或大项目来命名。总之，确定大单元主题的名称要体现出大单元的"魂"。

（二）提炼进阶性的大单元学习目标，指向学科核心素养发展

单元目标是单元教学的核心，是教与学的起点与归宿，具有方向性和可评价性。大单元是以学科大概念为主线，通过大概念来联结组成核心素养的各要素，成为围绕学生核心素养发展达成而组织的"集合"。所以，大单元是促进学生核心素养发展的"素养单元"，其核心教学目标是为了学生的学科核心素养发展。大单元的"大"不是指向知识内容的"多"，而是指以核心素养目标为核心组织单元教学，形成具有学科教育价值的教与学的活动集合。

教师在设计单元教学目标时，一是围绕大单元教学主题，着眼于学生学科核心素养发展，在深入分析学生的学情和充分研究的基础上，依据高中生物学课程标准，制订出全面覆盖学科核心素养四个组成要素的大单元教学目标。二是设计的大单元教学目标以大概念为学习载体，能够兼顾大单元整体教学目标和课时教学的子目标，使不同课时教学子目标之间具有层次性和渐进性，能够相互衔接并递进式达成大单元教学目标，为单元整体学习的进阶提供支撑，体现核心素养发展的进阶性。三是正确叙写教学目标：行为主体必须是学生，意在帮助和引领学生自主历经学习过程；展示行为表现的动词应尽可能清晰、可操作，便于为后续评价行为做指导；还可以为行为表现附加环境、工具、时间等限定条件，用以刻画目标体现的程度或进一步具化行为表现；目标指向的是全体学生而非个体学生，为提高群体适用性，目标的表现程度往往是最低要求而非最高要求。

案 例

基于深度学习的高中生物学单元学习目标及评价设计

——以"生物的进化"为例①

2.2单元学习目标

深度学习的学习目标应当着眼于学生的发展，即学生达成本单元目标后的预期表现，而非教师的教学活动。依据上述分析，同时结合深度学习的要求，本单元的学习目标设置为：①通过比较化石、解剖学、胚胎学、细胞生物学和分子生物学等多方面的证据，在此过程中体会"比较"是常用的科学研究方法，从结构与功能观、进化和适应观的角度说明生物之间都存在一定的亲缘关系，都来自共同祖先。（生命观念、科学思维）②收集可遗传的变异，以及变异可能带来的生存与繁殖优势等方面的实例，认识到自然选择和变异之间的关系，解释生物的适应是自然选择的结果，用图示的方法建立物种形成的模型。

---

① 徐汛峰，付雷. 基于深度学习的高中生物学单元学习目标及评价设计——以"生物的进化"为例［J］. 生物学教学，2020，45（8）：12-16.

通过分析生活中耐性和抗性的产生机制，认识到抗生素和农药滥用的弊端。（生命观念、科学思维、社会责任）③认同人类同其他物种有着或远或近的关系，而不是天生就有凌驾于其他物种之上的超然地位，人和其他生物是一个整体，人类应与自然和谐发展。（社会责任）④通过了解生物进化理论发展完善的历程，认识到科学是一个随着科学研究而不断更新的过程，科学知识会随着研究的深入而改变，是一个不断修正的过程。（科学思维）

2.3单元学习目标分解

为保证单元学习目标能落到实处，应依据单元内容对单元学习目标进一步细化。需要注意的是，单元学习目标并非每一课时对应一个学习目标，情感观念上的目标更多是需要多节课达成和实现的。因此，在总体单元学习目标确定之后，仍然需要对单元学习目标进行分解，保证每一课时的学习目标落到实处，从而落实单元学习目标，本单元学习目标分解如表4-3所示。

表4-3　单元学习目标分解

课时	学习目标
1	1.1通过了解达尔文提出共同祖先说的过程，体会科学的第一步是大胆的猜想，再是寻找证据，仔细论证 1.2通过回忆已学知识，说明当今生物在代谢、构成等许多方面存在共同特征，并通过学习新的证据对事实进行归纳概括，形成结论，并在这一过程中了解比较的科学研究方法 1.3认同人类和其他生物拥有共同祖先，人类并没有凌驾于其他物种之上的特权
2	2.1说出适应的基本含义，举例说明适应的绝对性和相对性 2.2说出达尔文的进化学说的主要观点并模拟其建立过程，说明优势性状和自然选择会使生物更好地适应特定的生存环境 2.3认识到达尔文提出的进化理论还不能很好地解释某些现象
3	3.1能正确区分物种和种群，说出基因库及基因频率的含义，区分基因频率和基因型频率 3.2能用孟德尔遗传定律计算理想条件下的基因频率，说出种群基因频率不变的五个条件，并与实际情况进行比较 3.3在了解物种概念的基础上，分别说明地理隔离和生殖隔离在物种形成中的作用 3.4结合现代综合进化理论，使用图示的方法构建物种形成的模型

课时	学习目标
4	4.1举例说明协同进化的含义，认识协同进化对于生物多样性的意义 4.2阐述生物多样性的历程及表现层次，在此过程中体会人类与其他生物之间的密切关系，认识到保护生物多样性就是保护人类 4.3通过了解红皇后假说、中性学说等生物进化理论，认识到对于生物进化的原因存在不同观点，生物进化的理论在不断地发展，从而认同科学是一个不断更新、发展的过程

教学目标的确立是基于对核心素养目标、课程标准、教材内容及基本学情等的科学认识和系统分析，大单元教学目标对课时教学目标具有一定的统摄性、指导性，能够将相关课时教学组织在一起，以承载学科核心素养发展的重大任务，这是单一课时教学难以达到的。

（三）创设贯穿始终的大问题，设计序列化的学习活动

基于大概念的大单元教学指向解决"大问题"、完成"大任务、大项目"、建构"大观念"，教学过程以大问题的解决过程为轴线，以持续、递进的方式来促进学生对概念的理解和迁移应用。因此，围绕大概念开展的大单元教学可以设计为"总—分—总"型结构，呈现出循序渐进、不断拓展和深入的教学过程。

大单元教学进程的设计需要围绕教学目标和大概念，厘清概念体系，分析单元知识的内在联系，确定单元教学内容的骨架、核心和主线。核心在于对单元内容进行统整，建立知识关联，尽可能消除章节之间的阻隔，使教学符合认知和能力发展的规律。

首先，依据大单元学习主题将大概念设计为"大问题、大任务、大项目"，从而将高度凝练的大概念转化成学生看得懂、能思考并贯穿整个单元的核心问题，进而设置单元核心任务，再将核心任务分解成为一系列子任务，是课时教学的教学内容。核心问题和学习任务不是传统意义上的习题或作业，而是为理解大概念、回答核心问题而设计的真实情境下的挑战性学习任务。核心问题和学习任务贯穿整个单元学习的过程，其完成度是检验单元学习目标达成程度的重要证据。核心任务之下的子任务，是完成核心任务的脚手架，为学生完成核心任务做好准备和铺垫。

其次，依据"大问题、大任务、大项目"，创设真实的、综合的、具有挑战性的问题情境，问题情境尽可能贯穿整个单元教学过程，将整个教学内容和教学活动的实施根植于问题情境之中。在真实问题情境中开展教与学，能够引发学生产生困惑并激发其思考，即发现问题、提出问题、分析问题和解决问题，能够实现单元知识的整合、知识的迁移应用，形成学科核心素养。

再次，基于"主题—情境—任务"创设序列化的单元教学活动，规划单元教学板块，使教学设计符合课程内容的逻辑结构及学生的认知逻辑。

教学过程与教学活动的设计，是将大单元的学习任务分解为系列教学子任务，将主题、内容、概念相联系，知识建构与认知结构相联系，建构教学活动任务群。创建的单元教学体系，能够将分散的知识点整合到具体的情境中，使之成为具有丰富意涵的知识模块，确保大概念的建构是基于情境事实和开展活动获得的，促进学生深层次的概念理解，有利于学生在解决真实情境问题时进行迁移应用。

 案 例

大概念统摄下的高中生物学单元整体教学设计

——以"免疫调节"单元为例[①]

3.4单元教学情境及活动设计

依据教学内容和学情分析，基于"任务—情境—活动"进行单元整体教学设计，将单元核心问题转化为进阶性的课时任务，通过查阅资料、建构模型、调查实践等学习免疫系统对机体稳态的调节。具体单元整体教学设计思路框架图如图4-7所示。

---

① 胡有红. 大概念统摄下的高中生物学单元整体教学设计——以"免疫调节"单元为例［J］. 生物学教学，2022，47（10）：14-18.

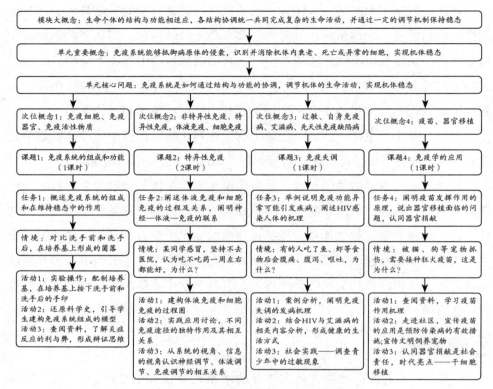

图4-7 单元整体教学设计思路框架

基于"任务—情境—活动"设计的教学过程和系列单元教学活动，以学科大概念统领，通过学科知识的整合，有意识地把学习过程中掌握学科知识结构和知识表征、开展高阶思维活动、体验学科基本观点和基本方法等有机整合在一起，体现出认知活动的整体性、渐进性。采取任务驱动式的教学策略让学生进行自主探究，学生能动地参与学习活动、独立完成学习任务、亲身体验学习经历的全过程之中，真正实现深度学习。

（四）设计持续性的评价方式，通过评价促进深度学习

学科大概念统摄下的、指向深度学习的大单元教学是结构化的教学过程，学生的概念学习具有进阶性，学科核心素养的发展具有阶段性和层次性。因此，需要对学习结果进行持续性的评价。

大单元教学评价指向教学目标的达成和学科核心素养的发展水平。因此，应该围绕单元教学目标设计教学评价的量标，对教学过程起到动态反馈作用，以促进学生发展学科核心素养为宗旨。评价方式应该具有多元化、动态化、过程性的特征，要根据不同的学习任务、学习活动，设计恰当的评价工具。

根据大单元教学的特点和需求，设计的教学评价类型包括"形成性评价"和"总结性评价"，教学评价应该贯穿于整个教学过程，动态监控和反馈教学过程，有效调节教与学的过程，保障深度教学的有效性。

形成性评价融入在教学过程中，主要目的是及时了解教与学的进程与状况，调节教学过程、改进和完善教学活动，以促进学生的深度学习有效开展。因此，形成性评价强调连贯性和真实性，评价的实施既可以在课中进行，也可以在课后完成。评价方式可以是观察学生课堂参与度、课堂思维的活跃度，或者是课堂上的同伴讨论交流、个人学习成果汇报、模型制作、实验操作、课堂练习等，也可以是课后反思、课后作业等。

设计的形成性评价作业要有系统性、系列化、结构化：第一，以单元主题为线索，系统整合作业与练习的内容，既要通过主题关注同一类型作业内容的聚焦，又要强调不同类型作业在同一主题下的关联与互补，借助整合的过程使各环节的作业容量得到精简，整体指向判断学生是否达成目标。第二，强化单元内各时段、各环节作业与练习（预习作业、课时作业、课后作业等）的进阶性，从易到难，呈现螺旋式上升，帮助学生实现思维进阶。第三，立足学生群体内的差异性需求，分层、分类设计作业与检测，有意识地设计不同难度、不同类型、适合不同学习风格的作业。同时，围绕主题设计可供学生自由选择的作业，采用更具实践性的作业形态，增强作业的综合性与兼容性。

📖 案 例

大概念统摄下生物学单元作业的设计与实践[①]

1.2根据单元教学目标，设计单元作业类型

通过对大概念的理解及大概念与重要概念、次位概念的层级解析，确立本单元教学目标：①分析基因工程的理论基础，探讨工具酶和载体的作用，落实

---

① 胡有红. 大概念统摄下生物学单元作业的设计与实践［J］. 生物学教学，2023，48（3）：20-22.

结构与功能相统一的生命观念。②分析基因工程实例，理解基因工程的操作程序，落实科学思维能力。③探讨基因工程在不同领域的应用，关注基因工程的进展，培养社会责任。④理解蛋白质工程的原理，落实结构与功能相统一的生命观念。⑤通过探究实验"DNA粗提取与鉴定"，落实科学探究能力。根据单元教学目标，设计单元作业。

表4-4 基于大概念统摄下"基因工程"单元的作业设计

序号	作业	作业内容	作业目标	作业类型	完成方式
1	查阅资料	收集、分析基因工程发展历程的相关资料	理解基因工程的理论基础，概括基因工程的概念	学习理解（必做）	小组分工，收集、整理素材，班级分享
2	建构模型	利用物理模型模拟操作DNA分子的剪切和拼接	分析、归纳工具酶和载体的特点和功能	应用实践（必做）	自主完成，部分学生作品在班级展示
3	列表对比	通过表格整理归纳不同方法获取目的基因	理解获取目的基因的方法和原理	学习理解（必做）	自主完成，组内交流合作完善，班级分享
4	设计实验	设计DNA重组的实验方案	总结归纳基因工程的操作过程，设计DNA重组的实验方案	应用实践（必做）	自主完成，进行自评、他评和师评
5	探究实践	DNA片段的扩增及电泳鉴定	理解利用PCR扩增目的基因的原理	探究实践（选做）	观看视频，小组合作开展实验，撰写报告
6	实践调查	调查举例说明基因工程在多个领域的应用	了解基因工程的应用，阐释其广泛应用给人类生活带来了深刻变化	社会实践（必做）	小组合作完成，选取较好案例展示
7	宣传手册	以小组为单位，对大众科普基因工程的基础知识，正确认识其在应用过程中会带来的安全性问题	引导学生整合性地应用已学知识做好宣传工作，实现学以致用和用以致学	应用实践（选做）	小组合作完成，制作科普宣传单，班级结集成册

续 表

序号	作业	作业内容	作业目标	作业类型	完成方式
8	模型建构	建构蛋白质工程的流程图	概述蛋白质工程原理，尝试运用逆向思维等科学思维方法，解释、分析问题	模型建构（必做）	自主完成，各小组交流展示，分享完善
9	实验探究	设计实验方案，开展实验探究，撰写实验报告	选择实验材料、设计实验过程，分组实验，初步提取DNA并鉴定	应用实践（必做）	小组合作完成，进行自评、他评和师评
10	选择实验方案	利用基因工程技术培育转基因生物	根据情境资料，选择自己认为最优化的实验方案	迁移创新（选做）	小组合作完成，在班级汇报方案

分析：作业1对应次位概念①，旨在帮助学生理解基因工程的发展历程和理论基础，提高学生查阅资料、阅读资料的能力，在科学史的学习中发展科学精神；作业2对应次位概念②，使学生明确"工欲善其事，必先利其器"，生物获得新性状需要相应的工具来操作；作业3、4、5对应的是次位概念③，帮助学生理解基因工程的主要操作过程，并能够学以致用，设计DNA重组的实验方案，培养学生的科学探究和科学思维能力；作业6和7对应次位概念④，帮助学生将单元所学知识付诸行动，走出校园、走进社区，对大众开展科普活动，落实社会责任素养；作业8对应次位概念⑤，引导学生将所学的中心法则内容迁移应用至蛋白质工程，培养学生的逆向思维；作业9对应次位概念⑥，将教材的验证性实验改为探究性实验，不同的小组选择不同的实验材料，观察实验现象，在班级交流实验结果，培养学生合作探究能力，撰写实验报告，培养学生科学研究的能力；作业10是对本单元的综合提升，作业具有一定的开放性，引导学生不再拘泥于标准答案，最终落实"基因工程赋予生物新的遗传特性"大概念。综上，笔者尝试设计了模型制作类、真实情境类和能力开放类三种类型的作业。

形成性评价主要是针对构成大单元的课时教学活动进行的过程性检测，通过动态监测，及时反馈教与学的过程与结果。总结性评价则是依据大单元教学目标，通过教学效果评价教学目标的达成度，检测学生经过单元学习后的核心素养发展水平。

总结性评价一方面可以基于学习单元目标的预设和生成进行评价，对学生在教学活动中的学习行为、学习体验方式及学习任务的完成等方面进行评价；另一方面可以对主题单元教学进行整体设计后的效果进行评价，对学科知识的整体理解和掌握进行评价、对重构后的学科大概念的建构及学科核心素养的发展等方面进行评价。在具体的评价方式上，可以编制相关评价量表，进行单元任务完成表现性评价、单元学习活动合作性评价等。

总结性评价要注重真实性和有效性，能够引导教师和学生总结分析、获取经验，并对经验进行加工重组和完善，让教师的教和学生的学都更加有针对性，全面促进教师与学生共同发展和成长。

 案 例

大问题统领的大单元教学

——以"人类抗击新冠病毒"为例①

2.5 实施多元评价

在大单元教学的整个历程中，多样化的评价体系监测着学生的学和教师的教。大单元教学对教材内容进行了重构，没有现成的教辅可用，所以要求教师编制多样化的校本作业。除了传统的纸笔测试外，教师需要探索多元化的评价体系，如表现性评价、思维结构评价等，实现教、学、评三者的一致性。活动后，学生依据活动评价量表，形成自我评价、同伴评价和教师评价相结合的评价模式，不但可以调动学生的积极性，还可以引导学生和教师总结反思学习过程，实现师生的共同成长。例如，运用SOLO学习结果分类法对A1、A2、A2.3.1中的概念图和A中的思维导图进行评价，可以通过计算概念图和思维导图上的关节点（node-link）数据及质量来间接测量学生的思维水平，引导学生进行深度学习，培养高阶思维，同时也对改进教学有重要的指导意义。

① 黄晶，陈烟兰. 大问题统领的大单元教学——以"人类抗击新冠病毒"为例［J］. 生物学教学，2021，46（6）：12-14.

表4-5　基于SOLO分类理论的"人类抗击新冠病毒"思维导图评价表

SOLO层级水平		说明	自我评价	同伴评价	教师评价	反思
前结构水平		与中心主题"人类抗击新冠病毒"无关				
单点结构水平		从中心主题发散出1个关节点				
多点结构水平	低	从中心主题逐级发散出2—10个关节点				
	中	从中心主题逐级发散出11—20个关节点				
	高	从中心主题逐级发散出>20个关节点				
关联结构水平	低	不同关节点之间部分联系				
	中	不同关节点之间较多联系				
	高	不同关节点之间形成网络				
拓展抽象水平		迁移拓展到不同学科、不同主题				

注：①评价：在评价时请写出该图所达到的水平及证据（如：优点和缺点），并提出改进意见，越详细越好。②反思：该图哪里值得肯定？哪里需要改进？为什么需要改进？如何改进？③改善：将需要完善的点描述出来，并用红笔在原来的图上进行改进。

大单元教学的评价聚焦学科核心素养发展，评价任务需融入并贯穿大单元教学的全过程，以保证教学活动锚定单元教学目标，使教学活动、教学内容符合课程标准的要求，与学情相匹配。评价内容既要针对基础知识，又要针对高阶思维活动，评价方式应该多元化。这样，才能使大单元教学评价成为促进学生学科核心素养发展、推动学生深度学习的重要手段。

总之，基于学科大概念的大单元整体教学设计，能有效整合孤立的知识内容，促进学生有效完成知识的迁移和概念的建构，在学科知识、学科技能与学科核心素养间建立紧密联系，对课程改革和课堂教学方式的变革有重要价值。深刻理解学科大概念的意义，有效探寻学科大概念视角下单元整体教学的实施路径，可以助力中小学校教学改革实践的高效推进。

第三节　基于深度教学的探究式教学策略

指向核心素养发展的深度教学，是基于问题解决的教学，采用探究式教学是教师达成深度教学的重要方式。探究式教学是引领学生主动获取新知识的重要途径，学生通过探究活动能够亲身体验知识的生成和发展过程，让学习真实地发生，而真实性和生成性正是深度教学的重要属性。探究式教学不仅让学生学习到科学知识，还能够帮助学生掌握科学方法，促使学生理解科学的本质。

一、探究式教学的内涵

学习科学是学生们要亲自动手做而不是要别人做给他们看，学科学的中心环节是探究。学生在学习过程中开展的科学探究，是指用以获取知识、领悟科学的思想观念、领悟科学家研究自然界所用的方法而进行的各种活动。而作为核心素养的组成要素，科学探究是学生能够针对有价值的问题、疑问、难题或者想法进行研究，基于好奇与困惑来理解生命世界和建构知识的意愿和能力。[①]

科学教学必须让学生参与以探究为目的的研究活动。探究式教学就是在教师指导下，学生主动地从学习生活和社会生活中选取与教学目的和教学内容有关联的问题或项目，用类似于科学研究的方式去获取知识、应用知识、解决问题的教学活动。[②]

---

① 刘恩山，曹保义.《普通高中生物学课程标准（2017年版）》解读［M］.北京：高等教育出版社，2018：47.
② 郝志军.探究性教学的实质：一种复杂性思维视角［J］.教育研究，2005，310（11）：66-70.

二、探究式教学的特征

探究式教学强调教师引导学生主动探索，自主建构知识、习得科学方法并获得学科价值意义。因此，探究式教学具有以下特征。

（一）问题性

学生的探究必须始于问题，要在分析和解决问题过程中开展活动，没有问题也就无所谓探究。所以，问题是探究的核心，问题要起到组织和引领学生进行探究式学习的作用。

探究的问题应该具有科学性。科学性问题是针对客观世界中的物体、生物体和事件提出的，问题要与学生必学的科学概念相联系，并且能够引发他们进行实验研究，导致收集数据和利用数据对科学现象做出解释的活动。[①]设置的问题是否具有科学性与挑战性，是影响探究式教学质量高低的关键。在课堂上，一个有难度但又让人能尝到果实、足以引发探究的科学性问题，能激发学生的求知欲望，并能引出另一些问题，最终解决问题。所以，以解决问题为导向、指向深度学习的探究式教学，始于问题，终于问题。

（二）自主性

探究式教学要求学生以积极主动的态度共同参与探究活动，尤其是要亲自动手做而不是看着别人做，在动手、动脑的学习活动中发展学科核心素养。所以，学生的自主探究是开展探究式教学的核心。

探究式教学倡导发挥学生的主体作用，通过学生主动的探究而达成建构知识、解决问题的目的。只有学生亲身参与探究活动，才能体验到科学家在科学研究中可能遇到的问题与障碍，从而理解科学研究的艰辛；也只有在亲身参与探究活动时，才能发现问题并在探究中迸发出解决问题的智慧火花。

（三）生成性

探究式教学倡导学生以科学研究的方式，通过对各种现象和事实的分析与比较、判断与推理、归纳与综合，生成学科的概念、原理、规律。同时，学生

---

① "科学探究性学习的理论与实验研究"课题组. 探究式学习：含义、特征及核心要素［J］. 教育研究，2001，22（12）：52-56.

通过模拟科学家的研究过程，领悟科学家的思想观念和科学家所采用的方法，体验科学研究过程的艰辛与成功之后的喜悦，生成科学精神；学生还在探究的过程中，逐步感悟科学探究本身的真谛和本质，在解决问题的过程中，生成创新的意识和能力。

因此，探究式教学既重视探究生成的结果，也重视探究的过程，在探究活动的过程中，生成和实现学科的教育价值和意义。

（四）探究性

探究是探究式教学的精髓，探究式教学就是力图反映科学研究工作的真实情况，通过模拟科学家科学研究的过程，促使学生从过去"看科学、听科学"的被动学习方式，转变为"做"科学、亲身实践、手脑并用、主动参与的学习方式。

学生自主完成从"未知"到"已知"的探究过程，参与探究活动的全部或者是某些部分的工作，学习科学探究的方法、领悟科学研究的思维方法。学生通过探究过程，发现并建构新知，发展科学思维能力。

三、探究式教学的类型

探究式教学不是一种固定的教学方式，由于不同教学理念的差别，探究式学习的内容不同，可以呈现出不同的探究式教学的类型，不同类型之间在探究程度上也有很大差异。

（一）依据建构知识的方式划分

丁邦平教授从科学哲学基础和教学实践形态的角度，将科学教育的探究式教学分为三种类型：发现式探究教学、接受式探究教学和建构式探究教学（见表4-6）。[1]

---

[1] 丁邦平.探究式科学教学：类型与特征［J］.教育研究，2010，369（10）：81-85.

表4-6　三种探究式科学教学方式的比较

特征	类型		
	发现式探究	建构式探究	接受式探究
理论假设	学生心智是一个"白板"或"容器"，通过教学让学生自己往上刻画或注入	学生具有自主学习的心智，"教育即自我教育"	学生心智是一个"白板"或"容器"，通过教学让教师往上刻画或注入
知识观	知识是客观的、外在的，学习是主动发现知识的过程	知识是个人在主体经验上主动建构的结果，学习是主动建构知识的过程	知识是客观的、外在的，学习是主动接受知识的过程
教学观	教学即教师提供良好的学习环境和条件，学生自主学习、发现知识的过程	教学是教师与学生一起共同建构知识的过程	教学即教师有意义地讲授、学生有意义地学习的过程
师生观	教师是向导、促进者，学生是中心	教师积极干预学生的学习，教师与学生分担学习的责任	教师是主导，学生是主体

（二）依据探究活动类型划分

刘恩山教授按照探究式教学的内容和目标差异，以及探究活动的情况，把探究式教学分为发现式探究、推理式探究和实验式探究。[①]

1. 发现式探究

发现式探究是以学生本身观察和经验为基础，在学习情境中通过自己的探索发现自我学习的内容要点。主要的教学活动内容有：教师与学生之间进行口头交流，根据与教师讨论的体会和思考结果，学生重复操作教具；教师提出开放性问题，诱导学生依据既得的经验自行去发现法则、关系等，以完成教学目标。

发现式探究的教学程序可分为两个阶段：①教师将预先准备的教具交给学生，让学生单独或集体操作教具。教师巡回于各组之间，注意学生的操作或观察状况、学生之间的讨论内容，尽量不给予具体的指导；偶尔以口头或个别示

---

① 刘恩山. 中学生物学教学论［M］. 北京：高等教育出版社，2003：98-99.

范的方式，协助有特别困难的学生。②让各组学生开发他们的操作方式并交流他们的发现，鼓励全班学生讨论他们刚才获得的学习经验。

2. 推理式探究

推理式探究是"没有动手做"而应用探究方法的探究，主要是开发学生的批判性思维技能。其主要特点是：学生通过问题进行思考；学生直接或间接地观察现象，如教师示范、看视频、阅读等；学生通过提出疑问、讨论得出或归纳出概念。

推理性探究过程的主要步骤是：①教师讲述，教师以一定的方式引入新课，激起学生的学习兴趣，并提出探究问题。②学生以一定的形式（如观察、阅读等）开展探究活动。③在学生探究的基础上，教师提出开放性的问题，与学生一起展开讨论，引导学生思考、分析。④学生通过抽象思维活动，经过理性的推理过程，自行发现并总结归纳得出科学的结论。

3. 实验式探究

实验式探究是一个较为完整的实验过程，包括从问题的提出到最终的解释报告全过程，让学生在实验过程中学习。主要特点是：让学生在实验的过程中学习，使学生经历发现问题、辨别变量、形成假设，根据控制变量的原则设计实验、完成实验、验证假设、完成实验报告等一系列过程，并最终得出探究结论。

实验式探究的主要步骤是：确认有待探究的相关问题；提出并陈述一个假设，设计验证这个假设的实验，完成整个实验计划；学生根据拟定的实验计划有步骤地进行操作，并通过操作发现最佳的假设，或改进现有的假设；获得实验结果，并分析实验结果，得出结论。

（三）依据教学组织形式划分[①]

探究式教学可以按照教师、学生在探究活动中的角色定位，特别是学生在探究活动的主体作用发挥程度，划分为教师引导式探究、学生自主式探究、学生互导式探究。

---

① 赵广宇，徐勇，张佳妮，等. 中学生物学实用教学论［M］. 北京：北京师范大学出版社，2022：175-176.

1. 学生自主式探究

自主式探究最重要的特征是自主性，需要学生自主设计探究方法和程序，自主查阅资料、自主搜集和处理信息，自主完成探究实验的过程，最终自主分析探究结果、得出结论，形成科学概念。

学生自主式探究不仅要完成探究性实验的过程，更重要的是通过实验探究的过程，引发想象力、激发思维力、诱发创造力，以促进生物学学科核心素养的提升。学生自主式探究可以是个人独立开展探究，也可以是小组合作探究，通常是以小组合作的形式开展实验探究活动。在小组内，通过相互之间开展的讨论、交流，实现思维的碰撞，充分发挥集体的智慧，共同寻找有价值的观点、方法等。

在学生自主探究的过程中，教师仅作为指导者和帮助者的角色。一是在学生自主探究的过程中，引导学生探寻实验研究的基本原则和方法，着重进行科学性和创造性的指导；二是为学生提供探究实验所需的文献资料及其他的课程资源等，帮助他们解决在完成实验探究过程中某些自己难以克服的困难。

2. 教师引导式探究

在中学开展探究性实验活动，常常会遇到学习时间有限、学生探究能力不足、部分实验的探究难度较大等困难。此时，学生是很难自主完成实验探究的，需要教师的具体指导才能完成。

教师引导式探究主要是由教师提出探究问题，提供相关的研究材料，学生在教师的引导和帮助下，设计并完成实验。学生收集实验现象、整理实验结果和数据，开展分析和讨论，思考和解决所需探究的问题，自行发现并归纳、概括得出科学的结论，发现和领悟新的知识，建构新的概念、原理、规律等。教师引导式探究不是代替学生思考，而是在学生探究存在困难之处，以巧妙的启发、指导、点拨为学生指路搭桥，使学生在较短时间内明确"为什么探究""探究什么""怎么探究"，找到探究的方向、方法等，能在规定的时间内完成探究活动。这是目前生物学课堂上探究性教学的主要方式。

3. 学生互导式探究①

学生互导式探究的核心在于强化学生与学生之间的横向联系，使他们摆脱思想的羁绊，充分展开思考、讨论、表演，共同寻找较合理、有价值的结论或观点。学生之间的互相引导探究，可以弥补师生间交流的不足，活跃群体的探究行为。更重要的是在学生之间的相互启发、相互交流的过程中，学生个体智慧为群体多个成员吸取，能使个人单枪匹马不能解决的问题在群体中迎刃而解。

尽管探究式教学的类型不同，在实际教学过程中也呈现出不同程度的探究水平，但是，都着眼于发展学生的科学探究能力和创新能力，促使学生理解科学本质，提高学生的科学素养。

四、指向深度学习的探究式教学策略

在探究式教学活动中，要体现出自主性、探究性、问题性、生成性等特点，让学生积极主动地通过主观感知来获取生物学事实，进而形成生物学概念，使探究性活动成为学生学习和建构概念的重要途径，可以加深学生对概念的理解，为发展学科核心素养打下坚实的基础。

（一）有价值的探究问题，挑战性的探究任务

具有深度的探究式教学，首先需要教师依据教学目标，设计有价值的探究主题或问题。设计探究问题可以源于：①从教学重点和难点内容中挖掘需要的问题。②通过模拟科学家的实验过程，再现教材内容中的科学史。③从学生的生活中发现的问题。④在学习或者查阅相关文献的过程中发现的问题。问题或主题要遵循科学探究原则，具有探究价值，应该是指向学科的研究对象和基本问题，与学科的概念、原理的建构有密切关系，能够体现基本的学科方法与思想，反映学科的思维方式，真正体现学科的核心价值，切实发展学生的核心素养，使探究式教学体现出生物学学科的育人价值。

其次，探究式学习是模拟科学研究活动，探究过程必须具有科学的"味

---

① 徐作英，赵广宇. 高中生物新课程的理论与实践［M］. 北京：高等教育出版社，2008：155.

道"，要避免形式上热闹、内容上漫无边际的无效探究。因此，要根据学情设计探究任务，一是探究任务要有适当难度，对学生的学习能力具有一定的挑战性，是需要经过自己的探索才能得出结果的问题；二是根据不同的教学目标，设计不同探究水平的活动，确保探究活动的可操作性和有效性（见表4-7）。

表4-7 课堂探究的基本特征和不同程度[①]

基本特征	探究的不同程度			
1. 问题 学习者探究科学性问题	学习者自己提出一个问题	学习者从所提供的问题中选择，据此提出新的问题	学习者探究的问题来自教师、学习材料或其他途径，但问题不那么直接，需要有所改变或自己体会其含义	学习者探究直接来自教师、学习材料或其他途径的问题
2. 证据 学习者针对问题收集事实证据	学习者自己确定什么可作为证据并进行收集	学习者在他人的指导下收集某些数据	数据直接给出，学习者进行分析	数据和分析方法都给了学习者
3. 解释 学习者从证据出发形成解释	学习者总结事实证据之后做出解释	学习者在得到指导的情况下收集证据形成解释	使用证据形成解释的可能途径已知	证据已知
4. 评价 学习者使解释与科学知识相联系	学习者独立地考察其他事实来源，建立事实与已有解释的联系	学习者被引导到科学知识的领域和来源	可能的联系被给出	
5. 发表 学习者阐述和论证自己的解释	学习者用合理的、合乎逻辑的论据表达自己的解释	学习者阐述自己解释的过程，并得到他人指导	学习者阐述自己解释的过程，并得到了广泛的指导	表达的步骤和程序都被给出
	多 ←———学习者自主探究的程度———→ 少 少 ←———教师和学习材料指导的程度———→ 多			

---

① "科学探究性学习的理论与实验研究"课题组. 探究式学习：含义、特征及核心要素[J]. 教育研究，2001，22（12）：52-56.

由于在课堂教学活动中，很难真正完成一次全过程的探究活动，所以，要根据探究主题或问题，设计适当水平的探究任务。设计的探究活动可以聚焦在科学探究的某些环节，重点突破某些培养目标。

三 案 例

论证探究式教学模型在高中生物学实验教学中的应用

——以"探究酵母菌细胞呼吸的方式"为例[①]

4.1布置任务，活动引导

酵母菌是一类单细胞真菌，它在有氧和无氧的条件下都能生存，细胞的生存需要能量，能量的来源依靠呼吸作用，实质是细胞内的有机物氧化分解并释放能量，因此呼吸作用也称细胞呼吸。酵母菌与人类的生活息息相关，做馒头、面包、酿酒都是利用酵母菌的细胞呼吸。教师给学生提供醒面3h的面团和刚揉好的面团，比较两个面团的差异，学生观察发现醒面3h后的面团体积增大，且有蜂窝状的气孔产生，并且有几组还能闻到酒味。另外有学生提出：家里酿酒时，将葡萄装入发酵罐后一定要盖严。于是学生推理得出面团中的气孔应该是酵母菌细胞呼吸产生的CO_2所致，酒味就是酵母菌细胞呼吸产生了酒精。引出可探究的问题：酵母菌细胞呼吸的方式及其产物是什么？

（二）多元化的探究方式，重在发展核心素养

指向深度学习的探究式教学要求教师在准确把握学科本质和知识内核的基础上，聚焦学生核心素养的培养。

各种类型的探究活动都可以帮助学生有效建构生物学概念，发展科学思维，提高科学探究能力。教师应该根据教学内容需要合理设计探究式教学活动，需要根据探究的目的、内容和问题本身的难度及学情，设计合适的探究式教学方式，充分发挥其效用。

因此，教师要把握探究式教学的内涵，以探究式学习活动为手段，将探

——————————————

① 刘泽羽，虞驰.论证探究式教学模型在高中生物学实验教学中的应用——以"探究酵母菌细胞呼吸的方式"为例［J］.生物学教学，2022，47（5）：57-59.

究活动与概念学习有机结合，让学生通过探究式学习的方式自主建构生物学概念；再以概念建构为载体，把探究活动与核心素养发展的相关要素有机地结合在一起，采用多样化的探究方式，融合形式多样的思维方式，帮助学生透过事实、现象，探寻生物学本质。比如，针对具有事实基础、易于观察的生物学概念学习，可采用"观察—分析—结论"的方式，学生通过对生物学的现象或事实进行观察、描述，然后通过分析、归纳、比较等思维活动，对事物进行抽象和概括，最后形成概念。而对于生物体的生理活动，可采用"观察—预测—验证"的方式，学生主要通过观察生物学现象，发现问题，提出假设或预测，进而进行验证，若结果与预测相符，证明预测正确，反之则证明预测不正确，需要重新进行探究，最后才能形成科学的生物学概念。学生在学习过程中侧重运用分析、联想、系统等思维能力，思维的深刻性、创造性有所增强。对探究性较强的实验活动，采用"假设—实验—推理"的方式，教师引导学生从生活经验出发，使学生能够以生物学的现象或研究材料为依据，发现并提出问题；然后指导学生设计实验方案以验证假设，最后分析实验结果，进行演绎推理得出结论，形成概念。

 案 例

论证探究式教学模型在高中生物学实验教学中的应用

——以改良实验"反射弧的结构组成与功能"为例[①]

2.2 方法步骤

由于课堂教学时间有限，教师先组织学生分组实验，经全班合作、交流、分析后共同得出结论。分组及任务安排如下：全班每一列为一组，共4组。第1组展开对照实验和探究感受器结构和功能的实验；第2组展开对照实验和探究传入神经结构和功能的实验；第3组展开对照实验和探究传出神经结构和功能的实验；第4组展开对照实验和探究神经中枢结构和功能的实验。同桌两人为一小

---

① 潘园园，虞驰. 论证探究式教学模型在高中生物学实验教学中的应用——以改良实验"反射弧的结构组成与功能"为例［J］. 生物学教学，2023，48（10）：40-42.

组，一人负责实验操作，一人辅助实验与记录实验结果。

2.2.1制作脊蛙

用左手拇指和食指，从蛙背侧捏住腹部和脊柱，右手持剪刀伸入蛙口中，沿鼓膜后缘剪去头部，仰躺置解剖盘中不能翻身即为脊蛙。

2.2.2对照实验（双侧屈反射）

把质量分数2%的H_2SO_4（下面简称"硫酸"）滴加到反应板中备用。取滤纸片蘸取硫酸溶液，放到脊蛙左脚脚面上，观察左、右腿是否屈曲并记录（见表4-8）。随后清洗掉滤纸片并用大张吸水纸擦干表面。

表4-8 对照实验结果预测及记录表

刺激物	左腿		右腿	
	预测	实际记录	预测	实际记录
硫酸	屈腿		屈腿	

2.2.3探究反射弧的结构组成与功能

第1组：用解剖刀环割并剥净脊蛙左脚最长趾趾尖皮肤后，用滤纸片蘸取硫酸，刺激去除皮肤的左脚趾尖处，观察双腿是否屈曲并记录。第2、3组：用解剖刀划开脊蛙右侧大腿背侧皮肤，用玻璃分针在股二头肌和半膜肌之间分离出坐骨神经并剪断，用滤纸片蘸取硫酸，刺激右脚趾尖皮肤，观察双腿是否屈曲并记录。第4组：用左手拇指和食指握住脊蛙的背腹侧，右手持解剖针沿枕骨大孔插入并上下左右转动以捣毁脊髓。待脊蛙四肢瘫软后，用滤纸片蘸取硫酸刺激左脚趾尖皮肤，观察双腿是否屈曲并记录。

3.分析数据，形成（修正）主张

学生观察实验现象并记录，交流后发现：第2、3组实验过程与结果完全一致，却得出不一样的结论。此刻，引导学生展开激烈讨论，并达成共识：剪断右腿坐骨神经后，用硫酸刺激右腿感受器，右腿不收缩，可推出坐骨神经中可能含有传入神经和传出神经；而左腿不收缩，说明兴奋不能由右腿传递至结构和功能完整的左腿，剪断坐骨神经仅能得出传入神经存在的结论，并修正实验结果。初步推论：脊蛙双侧屈反射的感受器位于趾尖皮肤，经坐骨神传入兴奋至脊髓，脊髓整合后可使左右腿收缩，完成双侧屈反射。形成主张：脊蛙双侧屈反射的反射弧由感受器、传入神经、神经中枢和效应器构成。

表4-9 探究脊蛙双侧屈反射的反射弧的结构与功能实验结果记录与分析表

实验步骤	实验结果		推测
	左腿	右腿	
（1）用质量分数为2%的H_2SO_4刺激左脚皮肤	收缩	收缩	脊蛙反射弧结构完整，受适宜刺激时，能发生双侧屈反射
（2）环割并剥净左脚最长趾趾尖皮肤后，用滤纸片蘸取硫酸刺激去除皮肤的左脚趾尖处	无反应	无反应	脊蛙双侧屈反射的感受器位于趾尖皮肤，感受兴奋
（3）划开右侧大腿背侧皮肤，找出并剪断坐骨神经后，用滤纸片蘸取硫酸刺激右脚趾尖皮肤	无反应	无反应	脊蛙双侧屈反射的传入神经位于坐骨神经中，可以将兴奋由感受器传递至神经中枢
（4）捣毁脊髓，用滤纸片蘸取硫酸刺激左脚皮肤	无反应	无反应	脊蛙双侧屈反射的神经中枢位于脊髓，对传入的信号进行分析整合后传至效应器

4. 质疑、反驳、辩护

形成主张后，教师引导学生回忆初中知识，发现反射弧结构中还应该有传出神经，引发认知冲突，质疑主张的合理性：完整的反射弧组成，不仅有信号的传入还有信号的传出，也应该包括传出神经元的结构和功能。那么，双侧屈反射的传出神经位于哪一结构，如何在本实验的基础上继续实验，探究传出神经的结构与功能呢？为此，教师引导学生阅读实验原理，绘出双侧屈反射的反射弧，并演绎传入神经结构与功能的探究过程。通过讨论分析不难发现，传出神经的结构组成与功能的探究，只需在（3）组实验（剪断右腿坐骨神经）的基础上，刺激脊蛙的左腿趾间皮肤，若观察到左腿收缩而右腿不收缩，则说明兴奋不能由结构和功能完整的左腿（传入神经完好）传至剪断坐骨神经的右腿，可推出坐骨神经中传出神经的结构与功能。并引导学生充分利用脊蛙这一实验材料展开实验探究。

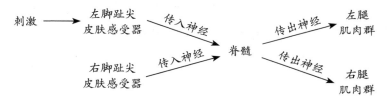

图4-8 双侧屈反射反射弧

5. 达成共识，修正主张

根据实验结果与分析，进而得出：坐骨神经是混合神经，其传入神经可将兴奋传入至神经中枢，传出神经可将兴奋传出至效应器。最终，经全班讨论后，修正主张，得出结论：脊蛙双侧屈反射的反射弧由感受器、传入神经、神经中枢、传出神经和效应器构成。

（三）精心组织探究活动，体现科学探究特征

教师在设计探究式教学活动时，要根据学生的学习能力、知识基础、教学条件等因素，对教学内容、探究的问题及材料等，进行深入的分析、选择和改造，充分发掘其中的探究因素，将探究式教学活动设计成不同的类型，探究内容可以针对科学探究的某个环节或某些环节，以适应学生开展探究式学习的需要，符合以探究式学习发展学科核心素养的要求。

一是巧设探究任务，要根据不同的培养目标，设置相应的探究问题和探究内容。探究的任务可以是探索知识的发生过程以建构学科概念，同时发展科学思维能力；也可以是通过探究活动经历科学解决问题的过程，学习科学探究的基本思路和方法，掌握科学的探究方式。

二是设计的探究过程强调科学性。在开展探究活动时，教师要牢牢把握科学性的原则。学生设计的探究方案要符合科学探究的程序，运用的研究方法要遵循实验研究的基本原则，做出的假设、对结果的分析等要体现科学思维的逻辑性、严密性、深刻性等品质。这样，才能使探究活动具备有效性，能够更好地提升学生的科学探究能力。

三是在组织、引导学生开展探究活动时，教师要创设问题情境，合理地营造探究氛围，引导学生亲身经历和体验科学探究实验活动，在自身的感知、操作等实践活动中，发现和探索生命现象、生物学问题，以获取生物学事实；经过分析、比较、推理、综合等思维活动，对生命现象、生物学问题进行解释，并总结、归纳出具有本质属性的规律，最终建构起生物学概念；最后，通过运用科学概念，解释和解决相关问题，促进知识内化，真正理解科学概念，培养良好的思维习惯和思维品质。

案 例

基于科学史经典实验的探究式教学

——以"生物进化单元"为例①

3.3设计探究式学习任务

在阅读"细菌耐药性产生的机制"等原始科研文献的基础上，学生经过交流与讨论，设计了单元核心任务"细菌大战抗生素——筛选耐药菌"以及3个子任务：

（1）"进化理论"主题辩论；

（2）"进化证据"分享；

（3）制作"分子进化树"。

通过核心任务和3个子任务共同来驱动单元学习，形成以"细菌大战抗生素——筛选耐药菌"为核心任务驱动进化单元的学习过程。

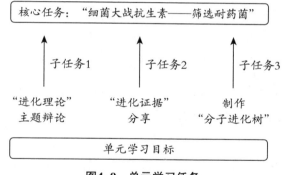

图4-9 单元学习任务

在确定单元核心任务和子任务后，参照《普通高中生物学课程标准（2017年版2020年修订）》，确定了本单元8课时的主要学习内容。在完成细菌耐药性实验的过程中，将实验探究与单元知识梳理、进化理论主题辩论、分享过程结合，顺利地完成单元学习目标。

---

① 王美军.基于科学史经典实验的探究式教学——以"生物进化单元"为例［J］.生物学通报，2023，58（1）：32-35.

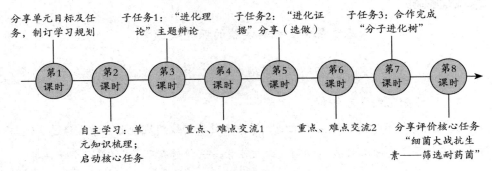

图4-10　进化单元课时学习内容

（四）充分开发课程资源，充实完善探究素材

开展探究式教学活动时，教师需要给学生提供有助于解决问题的各种资源和帮助，特别是开展探究活动所需要的材料、资料等资源。探究素材主要有四个来源：一是源自教材，不同版本的教材在相同教学内容中可能提供了不同的教学素材和教学方式，其中就有探究式教学活动。教材中的探究活动是经过专家团队精心设计的，符合该学段学生学习的需要，教师可以直接利用。二是来自生物科学类网络平台，其中有科学类的问题，研究的方向及其方法等内容，可以为设计探究式教学活动提供相应的问题及解决问题的方法。三是教师利用教学资源经过选择、编辑而成的探究素材。此类探究素材可以选自生物学学科的大学教材与专著，以及生物学类的期刊，包括《生物学通报》《生物学教学》《中学生物教学》等中学生物学教学类杂志，学术专著、期刊的权威性和严谨性，保证了探究素材的科学性和准确性。四是教师充分利用生产、生活中遇到的实际问题，开发形成探究素材。

教师在开发出探究素材后，还需要根据素材设计出探究活动，设计的原则包括：一是科学性原则，要保证选择的探究素材、设计的探究问题与探究任务符合科学事实和客观实际，真实可靠是科学探究的最基本原则。二是适应性原则，选用探究活动的内容与类型要符合大单元或课时教学目标的要求，能够有效促进教学目标的达成；设计出探究活动的类型与内容还要与学生的学段及学习能力水平相适应。三是高效性原则，选择的探究素材要含有对建构概念、理解概念起关键作用的信息，素材的类型要与本节课所设计的教学方法相适应，这样，才能在有限的课堂教学时间内提高课堂教学效率。

 案 例

"免疫调节"一节的概念教学设计①

教师提问：特异性免疫是如何发生的呢？学生难以回答，教师询问学生当遇到这样的学习困境时，该如何去解决呢？学生思考可以咨询专业人士、在网络平台查询或者查阅专业书籍等，教师肯定学生的这些想法，并出示下列选编资料，帮助学生完成概念学习进阶。

材料1：1973年斯坦曼发现了免疫反应中的"哨兵"——吞噬细胞。这种吞噬细胞的任务是发现并摄取、处理、暴露抗原，并将其报告给特异性免疫反应的始动者——T淋巴细胞。T细胞将调动其他免疫细胞发生反应，最终消灭入侵者。

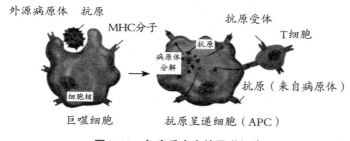

图4-11　免疫反应中的吞噬细胞

材料2：生物学家Claman和Mitchell等从小鼠脾脏分离纯化出B细胞、T细胞，检测各组经抗原诱导刺激后抗体的产生情况，结果如表4-10所示。

表4-10　B细胞、T细胞产生抗体实验结果

培养细胞	抗原	抗体
①B细胞	加入	极少
②T细胞	加入	不产生

① 赵广宇，汪绍鑫，李倩，等. "免疫调节"一节的概念教学设计［J］. 生物学通报，
　2015，50（12）：17-21.

续 表

培养细胞	抗原	抗体
③B细胞+T细胞	加入	产生
④B细胞+T细胞	不加入	不产生
⑤未经分离纯化的脾脏细胞	加入	产生

材料3：生物学家研究发现吞噬细胞除了将抗原报告（传递）给T细胞，其膜上还存在一种信号蛋白（B7蛋白），T细胞膜上存在相对应的受体蛋白（CD28蛋白），它们能特异性识别并结合，称为"共刺激分子"，它能使T细胞活化，释放淋巴因子使B细胞活化。当在实验中"去除"或"遮盖"这些分子，T细胞不活化不产生淋巴因子，仅接受抗原刺激的B细胞很难活化。

教师可以依据3则资料，提出具有内在逻辑次序的问题串：吞噬细胞是如何将"入侵信号"报告给T细胞的？T细胞又调动的是什么免疫细胞？T细胞是如何调动的？学生通过观察图像资料、解读数据资料、提取生物史资料的有效信息，充分思考、讨论、分析、对照、交流，不断解决问题获取建构概念的科学实证，结合观看视频、阅读教材等学习过程，最后运用模型与建模的方法基本建构成概念结构图。这样使学生能真正理解"大多数病原体经过吞噬细胞的摄取和处理，暴露出这种病原体所特有的抗原，将抗原传递给T细胞；T细胞将抗原传递给B细胞。少数抗原直接刺激B细胞。B细胞受到刺激后，开始一系列的增殖、分化，大部分分化为浆细胞，产生抗体"的内涵，实现概念学习进阶。

图4-12　学生建构的体液免疫部分过程模型

总之，探究式教学可以将学生学习与发展过程的各个要素及环节进行有效融合，从学科思想、学科方法、学科结构、学科核心问题和学科核心能力等方面体现学科本质及知识内核，成为深度教学的核心和灵魂，在引导学生自主发现和真正理解知识的基础上，追寻知识的价值与意义，对学生的学习与发展发挥出整体的教学效应，最大限度地促进学生核心素养的深层发展。

第四节　基于深度教学的项目式学习策略

项目式学习是在真实的生活情境中，通过项目的设计、管理、实施以解决项目实际问题的学习方式。项目式学习旨在通过整合学生已有的知识和经验解决实际问题，深层次地激发学生的学习动机，使学生进行深度的参与体验，并在不断探究的过程中发展高阶思维，达成深度理解和实践创新，是促进深度学习较为有效的学习方式之一。

一、项目式学习的意涵

关于项目式学习的定义各有不同，有的从"学"的角度将之定义为一种学习方式，有的从"教"的角度将之定义为一种教学方式，还有的则认为它是一种"课程"或更为综合的"教育模式"。

美国的克伯屈提出项目式学习理论，倡导学生在解决具体情境问题的过程中主动学习、建构概念、设计项目计划、实施项目任务、最终形成项目产品以及对产品进行反思与优化，进而实现深度学习。[①]

杨明全教授认为，项目式学习实质上是一种建构性的教与学的方式，教师将学生的学习任务项目化，指导学生基于真实情境而提出问题，并利用相关知识与信息资料开展研究、设计和实践操作，最终解决问题并展示和分享项目成果。其中，"项目"指的就是从问题提出到设计制作，最终到展示成果的完整活动，这个活动过程内在地蕴含着学生的学习（如对相关概念和原理的应用、对学科知识的建构、利用网络等技术手段收集并处理信息等），"项目"由此

---

① 刘育东. 国外项目学习的历史沿革及发展趋势［J］. 教育理论与实践，2019，39（19）：60-64.

成为学习的载体。[1]胡红杏将"项目式学习"定义为：是基于课程标准，以小组合作方式对真实问题进行探究，从而获得学科知识的核心概念和原理，发展创新意识和一定学科能力的教学活动。[2]

不同学者对项目式学习的界定与阐释有所差异，但都能反映出项目式学习的共同特征：一是有目标，包括学科知识目标、技能性目标和项目任务目标（特别是高阶的思维方式与探究实践方式），并把目标分解成具体的任务。二是有计划，通过教学设计把教学目标转变为具体的教学环节，在整体规划教学策略的基础上，具体设计教学情境、开发教学资源，一步步引导学生实现学习目标。三是有实施，在目标的引领下，按照计划实施项目任务，完成对真实问题的研究与探索，完成项目设计或初步形成产品。四是有评价，通过学生所呈现的项目设计或形成的产品等，一方面评估学生对知识、技能的掌握情况，以及在思维能力、创造力等方面的发展状况，依此评价学生在知识目标、技能目标和任务目标上的达成情况；另一方面围绕教学目标的达成状况，评价教学设计与实施的情况，以改进教学策略。

二、项目式学习的构成要素

项目式学习的流程或实施步骤一般分为选定项目、制订计划、活动探究、作品制作、成果交流和活动评价等六个基本步骤（见图4-13），主要由主题、活动、情境、结果和评价五大要素构成。[3]

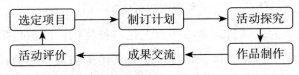

图4-13　项目式学习（PBL）的操作流程

① 杨明全. 核心素养时代的项目式学习：内涵重塑与价值重建［J］. 课程·教材·教法，2021，41（2）：57-63.

② 胡红杏. 项目式学习：培养学生核心素养的课堂活动［J］. 兰州大学学报：社会科学版，2017，45（6）：165-172.

③ 刘景福，钟志贤. 基于项目的学习（PBL）模式研究［J］. 外国教育研究，2002（11）：18-22.

（一）项目式学习的主题

基于项目的学习主题主要是真实情境中表现出来的各种复杂的、非良性结构的、非预测性的、多学科知识交叉的问题。问题主要来源于现实生活并具有驱动性或引发性，是学生感兴趣且值得进行深度探究的知识，可以起到组织和激发学习活动的作用，能够促使学生迁移应用完整的、系统性的知识内容。

选定主题是开展项目的前提条件，应遵循以下几个原则：第一，来源于现实生活，有探究的价值和意义；第二，符合学生现有的认知水平，能够激发学生的学习动机；第三，充满挑战性，并需要通过一定的探究性活动才能完成；第四，能够发展学生的核心素养，通过设计具体情境以及情境下的活动来解决现实问题，提高各种探究能力和思维能力，形成生物学观念和责任意识。[1]学校、班级或教师有能力对该项目学习进行评价或检测。总之，在基于项目的学习中，教师应该充分考虑学生所选择的项目是否具有研究价值，以及学生是否有能力对该项目进行研究。根据评价的情况，可对学生选择的项目进行适当的调整，或建议学生重新选择项目。

（二）项目式学习的活动

项目式学习的活动主要是指采用一定的技术工具和研究方法解决所面临的问题所采取的探究行动。活动倡导以学生为中心，强调小组合作学习，要求学生对现实生活中的真实性问题进行探究。

教学活动设计是对教学进程的科学规划，内容包括活动设计、学习时间和反馈调整等详细安排。活动设计是指对基于项目的学习中所涉及的活动预先进行计划，如调查活动的对象、方式、范围，实验探究的流程、器具、材料，制作产品的材料、用具、场地等，每一项任务的具体分工如何，以什么方式进行交流分享等。时间安排是学生对项目学习所需的时间作一个总体规划，"长计划短安排"，短期计划详尽精细，长期计划合理恰当，做出一个既详细又可调整的时间流程安排。反馈调整是指进行阶段性成果汇总，根据整合的信息及时调整计划的进度，矫正探究的方向，使所有的工作更加精准和有效。

---

① 施婷，付雷.促进学生核心素养发展的项目式学习模式研究［J］.生物学教学，2021，46
（3）：19—23.

项目式学习的活动应具有以下特征：一是具有挑战性。待解决的问题具有一定难度，才能促使学生在真实问题情境中，调用一切知识和技能去探究，并在过程中掌握复杂的原理和技能，完成类似"行家"般的任务。二是具有建构性。学生在项目式学习过程中不断发现并提出问题，然后寻求解决问题的办法，在探究、分析、纠正和整合的过程中，将新获得的信息与以前所学的知识联系起来，建构并生成自己的知识。三是具有多样性。项目式学习可以给学生提供多种参与学习的方式，促使学生采用不同的方法开展学习并验证他们的知识，从而适应不同的学习风格。

（三）项目式学习的情境

情境是支持学生进行探究学习的环境，这种情境既可以是真实的，也可以是虚拟的。第一，情境有利于真实学习。情境能给学生提供更丰富的、更具真实性的学习经历，使学生能对现实生活中的问题进行探究，学生通过探究获得学科知识的核心概念和原理，从而掌握一定的技能。第二，情境有利于合作学习。参与项目式学习的教师、学生及相关人员形成"学习共同体"，要求学生需要学会处理自己与自己、自己与他人的关系，养成团队合作的精神，为他们走向社会做好准备。第三，情境有利于链接社会。基于项目的学习能促使师生与广大的社区进行联系，学生的最终作品能够与教师、家长以及社会团体进行交流和分享。例如，学生制作的作品可以提供给商家在市面上销售，从而获得一定的经济效益；探究的成果或宣传资料在社区与他人交流、分享。第四，情境有利于掌握技能。在学习过程中，学生需要制作产品的操作方法及流程，还可能需要掌握特定工具的使用方法，完成产品的制作，或者是学会使用各种认知工具和信息资源来陈述他们的观点。

（四）项目式学习的结果

学生在项目式学习结束后，应该有一个或一系列的最终作品，呈现项目式学习的成果。学习小组通过展示他们的研究成果来表达他们在项目学习中所获得的知识和所掌握的技能，这是作品制作项目式学习区别于一般活动教学的重要特征。在作品制作过程中，学生运用在学习过程中所获得的知识和技能来完成作品的制作。最终呈现出的作品形式可以是多种多样的，如研究报告、模型

（物理模型、数学模型和概念模型）、图片、音影片段、幻灯片、网页或角色表演等。

（五）项目式学习的评价

项目式学习的评价目标应指向学生核心素养的发展，真正做到定量评价和定性评价、个人的评价和小组的评价、自我评价和他人评价之间的良好结合。通过形成性评价和总结性评价，对学习过程和学习结果做出准确、客观的评价。

评价的内容包括课题的选择、学习计划与时间安排、结果表达和成果展示、学生在学习中的表现等方面。过程评价强调对实验记录、各种原始数据、活动记录表、调查表、访谈表、学习体会等方面的过程性评估，对结果的评价侧重于学生的知识和技能的掌握程度。

评价的方式应该多种多样，学生可以通过成绩报告、成果鉴定报告、制作的作品等形式呈现学习成果，供大家评价；也可以通过展览会、报告会、辩论会、小型比赛等形式，交流学习过程中的经验和体会，分享作品制作的成功和喜悦，就作品制作展开讨论和研究，从中得出结论并发现一些新的问题。评价的结果可以是定性评价或定量评价，如对学生在项目活动过程中的表现可以采用量表的形式进行评价，设计多个评价指标，并赋予不同的权重；对于核心素养的达成情况，可以设计调查问卷和开放性纸笔测验试题。

评价可以通过学生的自评、与同伴之间的互评或者是教师与专家的点评等方式完成，目的是通过评价促进学生的高阶思维的发展和问题解决能力的提升，为培养专业技能和训练专业研究策略提供服务，促使学生"学会学习"。

三、指向深度学习的项目式学习特征

项目式学习是在杜威"做中学"理论基础上发展而来的一种教学模式，强调以学生为主体、以学习为中心、以实践为主线，学生在完成项目任务的过程中积极主动地建构知识和经验。教师整合相关的课程资源，在真实情境中开展综合、开放、自主、合作的学科实践活动，完成项目任务，丰富学生的学习经验，发展学生学科核心素养，达成深度学习的宗旨。

（一）聚焦现实问题，发展学科素养

项目式学习中的真实问题情境是复杂的，项目主题是有挑战性的，学习任务是有难度的，正是这样的困境和难题能够更好地调动学生的好奇心和求知欲，激励学生亲身参与学习和实践活动，充分调动认知、技能、情感等多领域的参与。学生完成项目时，需要围绕某一学习任务或主题，开展多种学习活动，包括观察、收集信息、讨论、设计、制作、汇报交流等，综合运用生物学科或跨学科的知识和技能去解决问题。这样，学生通过解决问题的实践活动过程，促使知识、技能、情感态度等各领域的活动深度融合，综合发展生物学学科的必备品格和关键能力。

核心素养导向的教学要由"知识教学"向"素养教学"转变，那么课堂教学形态也必然要发生转变，建立"学为中心"的课堂。一是注重学生的深度参与。项目式学习让学生经历体验、操作、探究、实践的过程，也就是"做事"的过程，将静态的知识转化为动态的知识、有用的知识、能解决问题的知识，在"做事"的过程中逐步形成正确价值观、必备品格和关键能力。二是注重培养学生的系统思维。要想完成一个项目，学生必须考虑很多方面的问题，如整体的探究计划、小组分工合作、需要调动的学科知识、实施步骤、最终要做出的产品形式等。系统思维有助于培养学生非定式的复杂思维能力。教师需对现有课程内容进行整合与重组，改变知识点、能力点的线性排列，改变逐点解析和逐项讲解，在真实问题情境下，确定与课程核心素养生成、发展、提升相关的学习项目，让课程内容具有"弹性化"和"框架式"特征。

另外，建立"学为中心"的课堂，教师必须转变角色，努力成为项目学习引导者和帮助者，为学生完成项目学习提供全方位的帮助。教师要相信学生，任何学习都不是"零起点"，学生具有一定的学习能力和学习经验；教师要真正放手，让学生在阶梯式、挑战性项目任务的驱动下开展学习活动，完成学习任务。

（二）倡导实践活动，重在学科综合

项目式学习是以解决真实问题为导向的学习方式，需要学生亲身参与到实践活动中，才能完成学习任务。所以，项目式学习是立足学科课堂，通过动脑、动手完成实践活动的一种育人方式。学生需要动脑来制订项目学习计划、思考和分析问题、设计解决问题的方案，并对学习成果进行评价、提出创新性的见解。学生还需要动手参与实践活动来实施解决问题的方案、获得探究问题的结果与证据、制作产品等。同时，项目式学习的实践活动，往往需要综合运用生物学知识，乃至跨学科的技术、工程学、数学等学科知识，以系统化的知识、整体性的思维来解决问题，设计和制作产品。

项目式学习倡导的学科实践，不仅要求教师掌握必要的学科知识，建立属于自己的学科体系，还要提高学生解决问题的能力，培养学生学科核心素养，从而实现学科的育人价值。这样，学生通过动脑、动手的实践活动，经历了知识产生与发展的过程，书本上的知识变成真正被理解的、能解决问题的知识，才能实现学科观念、高阶思维的升华。

四、基于项目式学习的深度教学策略

在项目式学习中，学生学习的终级目标不再只是学会知识，而是要学会知识迁移，在解决真实问题的过程中习得新的知识，或用所学知识解决与生活息息相关的问题。[①]因此，教师需要整合课程内容和教学资源，设置合理的主题，创设真实问题情境，以项目任务为载体、实践活动为主线，围绕"大项目"设计若干学科实践活动的"子项目"，如观察、考察、实验、调查、设计、策划、创作等，引领学生开展项目式学习。

（一）基于学科大概念，确立项目主题、设计学习目标

开展项目式学习，首先要确立项目主题。项目主题的来源可以是社会性议题、生产生活中的常见问题、科技领域的前沿知识或学生感兴趣的话题等。确立的项目主题要成为实施课程标准的新载体，能够很好地落实"学科育人""实践育人"的理念。确立的主题应尽量体现真实性与现实性。真实性体现在是否与学生的生活经验有效结合，现实性体现在学生是否觉得项目有趣和有价值，以及他们是否认为自己有能力完成项目。

---

① 滕珺，杜晓燕，刘华蓉. 对项目式学习的再认识："学习"本质与"项目"特质［J］. 中小学管理，2018（2）：15-18.

🔖 案例

"基因工程是一种重组DNA技术"单元的项目式教学设计①

3. 单元教学过程

3.1 在情境中确定可研究项目

本单元的大情境设计是通过介绍模式生物拟南芥的特点及乙烯持续合成对植物体生长发育的影响，引导学生思考如何运用基因工程技术探究乙烯持续合成对拟南芥生长发育的影响，确定可研究项目"培育持续激活表达ACS6蛋白的转基因拟南芥植株"。通过设计子情境"ACS6蛋白的基因表达载体的构建""培育转基因拟南芥的操作方案"和"转基因拟南芥的应用价值"将研究项目拆解成相互关联的独立问题。

设计意图：旨在创设一个可供师生共同完成的项目作为主轴，激发学生的学习兴趣，使学生能积极主动地参与到项目中，最终能通过完成项目掌握基因工程的操作流程和方法。

子情境的设计使学生更容易融入学习情境中，合作完成项目的分析、设计和实施、评价，加深对科学、技术、工程和数学等多元化的知识的理解。

其次是根据项目主题制定教学目标，教学目标设计要基于课程标准、教学内容和学生的学情，以生物学大概念为核心设置高阶层次的项目式学习总目标，整合科学思维、科学探究、社会责任等要素，充分涵盖生物学核心知识、承载学科思维方法、实践科学探究能力，通过促进学生深度学习，发展学生核心素养，使以生物学大概念为主线的教学目标成为发展核心素养的锚定起点。再根据项目式学习的过程，将总目标分解成具体的子目标。

---

① 潘维玲，许旭雯，虞驰. "基因工程是一种重组DNA技术"单元的项目式教学设计 [J].
生物学教学，2022，47（4）：34-37.

案例

五育融合视野下的项目式学习设计与实施

——以"校园植物挂牌"项目为例①

1.3项目导向：确定基于大概念的五育融合学习目标

在项目实施前，教师还应该基于大概念确定项目目标。该处提及的目标并不是项目最终呈现的形态，项目核心问题已经回答了最后的验收标准。此处提及的项目目标一定要围绕五育融合，回答在项目中具体构建什么样的知识、培育什么样的能力。在确定目标时，要注重挖掘其中包含的大概念，大概念可以有深度地将实践活动及核心问题的各个方面很好地融合起来，是五育融合下项目学习实施的深层纽带。与课程标准及大概念对标也确保了项目学习是"主菜"，而不是"甜点"。项目学习不同于学科知识的学习，应该更加强五育的融合。

在"校园挂牌"项目中，课程组提炼出的大概念是"结构与功能观"。项目重点内容——解说词将围绕大概念对植物特征和用途等进行科普性描述。具体项目目标用KUDB（Know，Understand，Do，Be）法描述如下。

Know：能识别并用专业术语描述植物的基本特征，并能利用互联网资料及检索表等对植物进行准确分类，了解植物的习性、用途等（智育层面需要达成基本的生物学知识）。

Understand：对比各类植物特点，能分析其结构与功能相适应的特征，从而构建"结构与功能观"。能从跨学科角度建立对植物的多种理解，认识到植物对生态平衡的重要影响。提高对该校园服务项目的重视程度，建立主动保护植物的意识（德育层面凸显学科育人价值）。

Do：能撰写出科学严谨、精美有趣的植物解说词，并符合说明文的基本要求。设计出美观的植物挂牌，并将其固定在特定的植物上（劳育层面强调动手实践下的项目实施）。

---

① 贺宇，祁万军.五育融合视野下的项目式学习设计与实施——以"校园植物挂牌"项目为例［J］.生物学通报，2023，58（2）：24-27.

Be：能激发对校园植物进行进一步探索及研究的兴趣，能建立对设计、工程等概念的基本理解，并能对比分析新老两代树牌，总结出该项目未来发展的方向（美育层面彰显创意提升）。

（二）设置问题情境，规划项目进程

在确定项目主题之后，需要将项目分解成若干个具有驱动性的基本问题。好问题应该是"那些引起思维困惑的、颠覆显而易见或权威'真理'的，或是引起不一致观点的问题"。[①]驱动问题作为项目主题下的子问题，应该具有：①情境性，问题源自于客观的现实生活，是真实的问题、不是虚构的，真实情境是项目式学习的重要特点。②驱动性，要有意义，能激发学生的好奇心，充分调动学生的学习兴趣。③开放性，问题要值得不断探究，可以引领学生在学习过程中深入理解知识、进行高层次思维。④序列性，驱动性基本问题与教学目标相对应，问题之间具有内在联系、能够形成问题串，并贯穿学习的全过程。驱动性基本问题能够促进探究，使知识结构化，还能激发知识迁移与创造。

 案 例

基于项目式学习的"伴性遗传"教学设计与实践[②]

1. 聚焦本节概念，确定项目主题

在基于项目式学习的教学设计活动中，项目主题的确定需要立足本节课聚焦的概念，项目主题的来源可以是生产生活中遇到的实际问题，也可以是当前的社会热点事件等，以此体现出项目式学习的真实性。人教版高中生物学教材必修2《遗传与进化》第2章第3节"伴性遗传"一节中，在《课程标准》中对应"3.2.4概述性染色体上的基因传递和性别相关联"这一次位概念。根据本节课聚焦的概念，结合与遗传学相关的职业，确定本次项目式学习的主题为"胜任

---

① 格兰特·维金斯，杰伊·麦克泰格. 追求理解的教学设计［M］. 闫寒冰，宋雪莲，赖平，译. 2版. 上海：华东师范大学出版社，2017：68.

② 李正利，马惠霞. 基于项目式学习的"伴性遗传"教学设计与实践［J］. 生物学教学，2024，49（5）：35-37.

遗传咨询师"，通过该项目活动，不仅让学生了解遗传咨询师这一职业，也能让学生感受到所学知识在生产生活中的应用价值。

2.依托真实情境，设计驱动问题

驱动性问题是项目式学习开展的核心和灵魂，好的驱动性问题能激发学生的好奇心，具有可行性、价值性、情境性、可持续性等关键特征，在项目式学习中使用驱动性问题能增强学生学习的一致性和连贯性，帮助学生建立科学知识与生活的联系，并提高学生整合学科知识的能力。在本节课的设计中，笔者围绕项目主题，根据遗传咨询师的实际工作内容，立足课程标准对学生知识和能力的素养要求，将项目式学习活动的驱动性问题设置为"作为遗传咨询师我们应该如何指导遗传病患者优生优育？如何指导生产实践中的育种工作"？

3.分解驱动问题，确立项目任务

项目式学习的驱动性问题需要有大量的基础知识和必备技能才能将其支撑起来，这就需要我们将驱动性问题进行分解，形成服务驱动性问题的子问题。其具体思路为：根据驱动性问题的设置情境和学生已经具备的先验知识、课程标准对本节课的要求等，按照"概念—原理—实践"的逻辑思路，将驱动性问题转化为符合实际情况的问题串。接着，根据问题串确立对应的项目任务，通过具体的项目实践活动和项目任务的开展，从而达到解决驱动问题的目标。据此，笔者将驱动性问题分解为：为什么有些遗传病在遗传上总是和性别相关联？对于不同的单基因伴性遗传病患者，应该如何指导其优生优育？如何根据早期的雏鸡羽毛特征把雌性和雄性分开，从而做到多养母鸡，多得鸡蛋？其分别对应的项目任务为：收集人类遗传病的相关资料，总结伴性遗传概念，归纳出生物的性别决定类型；分析人类单基因伴性遗传病的类型及特点，绘制患者家系的遗传系谱图，给患者提出优生优育的指导性建议；查阅资料，明确鸡的性别决定方式，挑选合适的亲本组合，最终实现多养母鸡、多得鸡蛋。

为了确保项目的顺利实施，还需要对项目进一步规划，需要综合项目问题的解决难度、知识逻辑顺序、学生的认知和能力发展，从整体上规划项目的进程，并形成项目计划书。

案例

促进学生核心素养发展的项目式学习模式研究①

1.2规划项目

为了确保项目的顺利实施，需要对项目进一步规划。项目规划包括对项目学习目标、子任务、时间、场所、项目评价等的规划。为了便于学生明确项目任务的具体要求，可以制订项目计划书。

项目计划书包括开展项目所需资源、实施项目的各子任务安排、为完成各子任务学生自主进行的探究性活动、项目评价方案等主要内容。其中对子任务的规划是重点也是难点，要注意驱动性子任务是有挑战性的、可探究的且指向明确，能激发学生的思考，且各子任务之间应具有连贯性，符合学生认知结构的内在逻辑关系，帮助学生建构整体性知识框架，促进学生问题解决能力和思维能力的发展，培养学生的核心素养。基于各子任务下的探究性活动可以是师生共同协商的，各活动应有意义且目标明确。"室内植物净化空气大揭秘"项目的计划书如表4-11。

表4-11 "室内植物净化空气大揭秘"项目计划书

项目名称	室内植物净化空气大揭秘			
项目成员	组长	×××	组员	×××，×××，×××
项目周期	两周（学校探究每周三次课，课余通过上网、图书馆等查资料进行探究，每周2小时）			
所需资源	活动地点：学校教室、家里、实验室、图书馆、电子阅览室等 资料：高中生物学必修一（人教版）教科书及相关教辅资料、中国知网、期刊等 设备器材：项目过程记录纸、卡纸、显微镜、温度计、烧杯、各种室内观赏性植物等			

① 施婷，付雷.促进学生核心素养发展的项目式学习模式研究［J］.生物学教学，2021，46（3）：19-23.

续 表

项目实施	子任务一	了解室内空气污染物	活动一	资料搜集、分析整理并分类
	子任务二	认识一些室内植物	活动二	开展调查、显微观察
	子任务三	探索室内植物净化二氧化碳的原理	活动三	阅读关于探索光合作用过程的科学史、利用卡纸演示光合作用过程
	子任务四	探索植物增加室内湿度的原理	活动四	设计验证性实验、探究蒸腾作用过程、利用卡纸演示蒸腾作用过程
	子任务五	为班级选购一株合适的绿色植物	活动五	查阅资料、线上线下挑选
	子任务六	辨别虚假信息，从根源上改善室内空气质量	活动六	观看微视频、查阅资料
项目评价	过程性评价	通过自评、师评、互评等方式评价学生在项目中的表现、素养发展情况等		
	结果性评价	项目作品完成情况、知识与概念的理解程度		

（三）把控项目进程，落实学生自主参与

项目执行阶段的关键在于学生的参与度，教师要成为项目执行的引领者、督导者和服务者，引导、督导、指导学生完成项目规划中确定的工作，以实现项目目标。

完成项目式学习是很复杂的过程，学生面临很多问题，包括如何分阶段执行整体的探究计划，小组如何分工合作，需要搜集和查阅哪些资料，怎样调动、补充学科和跨学科的知识，如何制作出想象中的产品等。鉴于学生在完成项目式学习中可能遇到的诸多困难，教师要充分发挥好"主导"的作用，确保学生亲历问题解决过程：一是引导，根据学生的实际经验，启发学生从多角度思考完成项目任务的方式、方法，设计达到目标的最佳途径。二是指导，要对学生开展完成项目任务的技能培训和指导；还要指导学生对工作方案进行组内及组间讨论，掌握学习策略，发展认知能力，不断优化完善方案。三是引导，以现代科技发展的各类现象创设情境导入，激发学生学习热情，充分调动学生主观能动性，培养学生观察思考能力。四是辅导，提供各类学习资源，辅助学

生完成项目所需资料的收集整理。五是教导，在导学过程中，协调小组合作问题，培养团队精神。

三 案例

基于深度学习的项目式实验教学

——以"高品质的发酵产品制作"为例[①]

在教师的引导下，以项目形式展开教学。学生将总项目拆解为3个子项目：杂菌污染的探究、菌种量的影响、有效成分的检测。

3. 2子项目2：菌种量的影响

预实验中，C小组虽未出现杂菌污染问题，但果酒发酵周期较长且口感不好。他们猜测可能与水果皮上天然菌种量偏少有关。于是确立项目主题为：探究菌种量对产品品质的影响。

项目小组进行了不同接种量的对照实验，结果发现加入一定量的发面酵母有助于缩短发酵时间并能提高果酒品质。在发酵过程中，Y小组首先观察到发酵液液面上升的现象，及时发布到QQ群，其他小组也证实了这一现象并提出以下问题：发酵时，液面为什么会上升？上升时，果肉和果酒为什么会出现分层现象？分层时，为什么是果肉在上而果酒在下？

学生激动的心情就像发现了新大陆，强烈的探究欲望被点燃了。他们查资料、讨论，最终找到了答案：①发酵时酵母菌分解水果中的糖，产生的CO_2小气泡推动液面上升。②上升时，固体部分由于受到CO_2的带动而上浮，形成"酒帽"，致使果肉和果酒出现分层。③水果的密度一般比水小；所以分层时多为果肉在上而果酒在下。

进一步查阅文献，学生发现工业酿酒时常常将"酒帽"压到酒液下面，使皮渣和汁液混在一起，充分接触，这种工艺操作叫"压帽"，其好处是可以帮助皮渣上的酵母进入酒液，增加酒液中的菌种量，同时防止杂菌在"酒帽"上

---

① 张健慧，李艳梅. 基于深度学习的项目式实验教学——以"高品质的发酵产品制作"为例

　　［J］. 生物学教学，2020，45（10）：54-56.

形成，还能使葡萄汁充分萃取葡萄皮中的色素、单宁和风味物质。此番探究不但使学生对提高产品品质的认识逐渐变得立体化，而且提升了学生的高阶思维和解决问题的能力，这就是深度学习的意义。

在项目实施过程中，教师还需监控学生在项目学习中的状态，尤其要关注学生的实践过程，能够敏锐捕捉课堂预设外生成性问题，及时予以解决。要从瞬间操作画面判断学生内在认知冲突，引导学生深入探究、研讨，建构并理解知识；要能够发现学生在实践过程中遇到的障碍，适时进行指导和辅助，解决在技能操作中的问题，指引科学探究的方向。

 案 例

基于实际问题解决的项目式学习教学设计

——以"急救利器AED进校园"为例①

4.4子项目3：制作和展示《AED进校园指导方案》

4.4.1讨论校园AED布局

教师介绍资料《中国AED布局与投放专家共识》推荐意见3，其中提到"建议单位或区域在公共场所配置AED时根据人口密度、人口流动量、分布距离等影响因素，可以按照第一目击者能够在3~5 mins之内获取AED并赶到患者身边为原则"。如何能够依据原则制订本校AED配置方案？教师补充可能用到的资料：

（1）本校各班级学生人数；

（2）各班级体育类课程每周时间安排表；

（3）包含"教学楼""运动场""餐厅"等标注的校区平面图。

提出问题：在校园平面图中选择适合的位置放置AED，将"AED图标"贴在地图上，并说明理由。

学生将专家意见中的投放原则，应用于本校"个性化"的场景中，作出

---

① 李玉莹，崔颖，吕旺，等. 基于实际问题解决的项目式学习教学设计——以"急救利器AED进校园"为例［J］. 生物学通报，2023，58（7）：48-54.

AED配置位置的决策。小组讨论分析后，展开分享。有的小组表示将AED配置于操场，因运动过程中心脏负荷较大，突发心搏骤停的危险性高，配置于操场的AED能够第一时间抢救患者。有的小组认为应配置于教学楼学生人数最多的楼层，以期实现AED设备能够在最短时间内应用于患者的目标。还有学生想到学校与附近居民小区距离近，是否可以配置到学校门口处，既覆盖学校区域，又满足了附近小区的急救需要。组间的分享和评价也给了其他小组"新思路""新想法"。教师肯定并鼓励学生，将这些有亮点的新思路都写在《AED进校园指导方案》里，以培养学生的责任意识和社会意识。

4.4.2制定校园突发心搏骤停应急预案

校园AED成功安装后，提出新的任务：设计应急预案——在校园突发心搏骤停事件时，指引第一目击者有序而有效地开展救援（以流程图形式呈现）。在小组讨论后的分享环节，学生从"检查倒地者是否发生心搏骤停""有无其他学生在旁边协助""能否在4 min内拿到AED"等多角度，设计了环环相扣的应急救援预案。

制定应急预案的环节，既能检测与应用前2个子项目获得的知识与技能，又能促进相关知识的迁移，借助有逻辑的思维链，解决现实生活中的实际问题。学生始终要在"灵活多变"的现实情境与困难中紧紧抓牢"急救知识与技能"的抓手，以严谨科学的思维不断突破难点。

4.4.3制作和展示《AED进校园指导方案》

经过前2个子项目和子项目3中前半部分的知识技能与活动积累，教师提出核心任务：制作和展示《AED进校园指导方案》。要求：该方案应包括校园AED的布局图、校园突发心搏骤停应急预案、校园AED的管理和维护方案，以及小组成员能想到的其他方面。评价标准标示于板书：布局图要有理有据，应急预案要科学简明，管理和维护说明要全面细致。发给各组的材料包中包括：可粘贴的学校平面图、AED图标和流程图图标，以及其他材料工具。

制作完成后，在学生展示的方案中，既有自己小组针对"应急预案流程""AED管理维护标准"和"AED摆放位置"的独特见解，也融合了前期各组组间交流时的心得和经验。有的小组还提出"在地图上标注比例尺，用地理学学科的知识让大家明确AED的具体位置"；有的提出"考虑到AED需要充电，应尽可能避免雨水淋湿，如果在室外或操场可以与自动售卖机结合，设计成为一台设备，既方便寻找，也保证了供电和维护"；还有学生提出"了解周边小区AED的设置情况和居民对AED的了解情况，可以按照指南，组织志愿小队进社区宣传"。学生之间多角度的分享和评价使活动思路不断拓宽，活动方案得到进一步的完善。

在教学过程中，学生和教师均实现了角色转变。学生转变为知识与技能的传播者和应用知识技能助力校园建设的决策者，在教师的引导和帮助下，合作互助，完成核心任务，形成最终决策。

（四）设计评价体系，评估学习进程

项目式学习内容比较复杂、持续的时间比较长、活动的方式比较多，教师教学的难度大、调控比较难。因此，通过教学评价及时做出评估，以便掌握学生的学习进展。

项目式学习评价包括形成性评价和总结性评价，评价的内容聚焦核心素养的相关要素，根据项目式学习的目标来制定详细的评价标准，对学生的知识掌握情况、技能提高水平和思维水平等进行评价。通过评价对项目实施进行跟踪、审查，评估调整项目进展与绩效，过程评估与结果评估兼重，对项目进行全方位的评价。

过程性评价，重在完成作品的过程，类似项目执行过程的评估，从每个课时做起，日常与阶段相结合。在项目式学习的每节课开始，教师都要按照计划对教学过程进行影像记录，便于课后反思分析、总结提炼课堂教学过程形成的良好实践，发现需要改进的不足之处，并研究改进方案，最终形成项目阶段工作进展小结，主要包括：一是教师本身的总结，二是引导项目小组的总结。评估的对象既包括行动过程的表现，也包括符合情境要求的具体产品。

案 例

初中生物学STEM项目教学实践

——以"探究酸雨对生物的影响"为例①

在以"探究酸雨对生物的影响"项目设计中，教师基于真实的问题情境，在课前、课中和课后设计了明确的表现型任务和评估标准。

表4-12 设计表现性任务及评估量规

阶段	表现性任务	评估量规
课前	重点了解我国环境污染的现状、酸雨的治理方法及中国能源架构，并尝试制作模拟酸雨形成的多功能实验装置	该装置能够直观地演示模拟酸雨形成的过程，同时可用于探究模拟酸雨对水生生态系统的直观影响 具体成果以报告和模型为主，教师针对小组的成果予以评价及等级评分，小组可经过多次修改以求获得更高评价
课中	利用模型并创设实验，呈现"模拟酸雨对生物影响"的实验现象和结论	通过实验数据的采集和整理、结果分析、总结归纳、延伸提炼等环节回答"酸雨对生物产生的具体影响及对酸雨应持怎样的态度？" 在探究和交流的过程中，引导学生对活动过程进行反思与改进，思考与评价，如为了更直观地分析数据，应如何对数据进行整理与转换？小组之间，以及教师对小组和成员进行多元化评价：如项目实践表现、实验分析与数据整理能力、小组合作能力等
课后	在现状调查和实验探究的基础上，小组结合酸雨的形成原因与影响，在完成探究报告的同时，将反思成果物化	完成手抄报、环保宣传片拍摄与环保科技小制作——人体感应台扇 学生展示成果并进行汇报。通过制作、试误与拍摄，提高学生的动手能力、创造能力与信息技术运用能力，体验能源的珍贵，并在潜移默化中树立爱护环境、珍惜能源等社会责任意识

形成性评价最好能够进行过程写实记录，即以项目小组为单位，记录学生项目过程性成果，这些成果包括策划提纲、分工计划、工作节点目标、设计草

---

① 刘思，胡轶群，汪悦，等. 初中生物学STEM项目教学实践——以"探究酸雨对生物的影响"为例 [J]. 生物学通报，2022，57（12）：26-33.

图、初步产品等，并以电子档形式分类保存。教师要对成果做点评并记录，作为总结性评价的依据。

总结性评价可以通过成果展示、交流分享或者是考试测评的方式完成，学生以实物（制作的作品或实践成果）、视频、宣传品等方式展示物化的成果，也可以撰写小论文阐释项目式学习的成果，与他人开展说明与交流。教师根据完成项目式学习的过程及成果，对选题、设计的方案、实施过程、成果形式及水平等方面进行多元评价。

案 例

结合进化史的"光合作用"一节项目式学习尝试[①]

2.2.5光合作用项目式学习的小组评价

对小组学习活动分团队合作、创新创造、批判性思维、展示技巧4个部分进行评价。

表4-13　项目式学习小组评价表

评价项目	评价内容	小组自评	小组互评	教师评价
团队合作	组织：有详细的任务清单和任务的合理分配；有效组织小组讨论，保存讨论过程和结果的笔记			
	分工：能发挥每个组员的优势和特长；在完成个人任务后能得到小组的反馈和修改			
创新创造	信息获取和运用：能自主收集和获取信息（专家、网络、文献等）；能运用信息产生多样化的、有创意的观点			
	创新：能提出新的问题，从不同的角度精心改进研究方案；能运用一些想象力和创造力作合理的猜想和解释			

---

① 张燕. 结合进化史的"光合作用"一节项目式学习尝试［J］. 生物学通报，2021，56（8）：18-20.

续　表

评价项目	评价内容	小组自评	小组互评	教师评价
创新创造	创造：能提出独特的观点和讨论视角			
批判性思维	信息收集评估：能从多个渠道收集相关信息回答问题，能全面地评估信息的准确性和可信度			
	成果评估：能通过评估推理过程的合理性评估结论的准确性；能对计划、解决方案进行过程性修改			
展示技巧	形体与声音：在展示时表达清晰，能使用自然的手势和动作			
	辅助资源：能合理使用多媒体加强对推理过程和结果的表述			
	互动：能清晰完整地回答听众问题，或提供找到答案的途径			

　　成品的评价重在肯定的基础上，提出不足，为以后的优化学习奠定基础。因此，教学评价，要杜绝简单评分定等级的现象，做到过程性评价与终极测评兼重。

　　总之，项目式学习可以根据生物学学科教学的特点和任务，让学生有机会运用学科知识或跨学科知识分析问题、提出方案，运用多学科的知识去解决问题，从而打破学科之间或者学科内的知识壁垒，促进知识的深度融合。而教师采用多种方式相结合的教学方法，引导学生通过项目参与和体验习得新的知识，培养学生运用知识创造性解决问题的能力。因此，项目式学习对促进学生深度学习、发展核心素养具有重要的作用。